官大元、洪紫峯 著
卓子傑 文字整理

逆轉的王牌

官大元

逆轉自己人生的「轉運手」

——王建民
旅美球星

二〇一六年，我在美國堪薩斯皇家隊擔任牛棚投手，那年隊友在我上場時很會逆轉賽事，讓當年的我拿下了六勝，也在那時曾被網友戲稱是「美國官大元」，說來奇妙，當時的我，也沒想到如今會跟大元締下如此深刻的緣分。

二〇二〇年我到中信兄弟擔任客座投手教練，那一年大元幾乎都在二軍，那是他在職棒的第十個球季，我一直覺得在職棒待了將近十年的選手，其實不太需要過於操心選手本身的自律，在技巧上面他們也只需要提點，因為資深的選手自己就會去調整，所以其實我在大元身上並沒有給予太多技巧的指導，取而代之的，是較多心理層面上的鼓勵。

一方面來說，他已經是經驗老道且自律甚嚴的選手，另一方面我也看到了他對棒球的熱情與對投手丘的渴望，只是那份渴望中也藏了許多不安感，在當時，他就已經開始思考從球員退下後的人生出路。同樣是投手出身的我很明白，要維持自己的身手在聯盟站穩十年並不是件容易的事情，因此為自己退役後的生活提早規劃也並不是一件壞事，然而我很清楚大元是不到最後一刻都不會放棄的人，我知道我不需要給他壓力，我只要能理解他，適時的給他一點助力，他就會找到支點繼續往前。

或許是年紀相仿的緣故，我跟大元之間雖然實際上接觸的時間也不過短短一兩年，但由於對於棒球的熱愛與堅持，以及私下興趣相似的關係，我與他很快就熟絡了起來，在溝通上也少了隔閡，很快就建立了無話不談、亦師亦友的關係，也由於這層原因，在許多次球場上與電話中的閒聊與溝通之間，他讓我一次次地感受到他執著不言退的態度，某些時刻竟也讓我想起了當初在國外經歷傷痛低潮、不願放棄的自己。

二〇二一年，我們看到了大元在場上的表現，他一次又一次的突破自己的極限，三十一點二局無失分紀錄，誰能想得到這是前一年幾乎在一軍沒太多機會表現、年紀也已經快到了不惑之年的老將所創下這樣的佳績呢！？但我從不懷疑在他身上所展現出來的任何可能，因為我知道他比誰都還更努力的去精進自己、伺機而動，在機會來臨之時，必將展現光芒。

不一樣的十八號王牌

——彭政閔
中信兄弟副領隊

對棒球這項運動有一定程度了解的人，大概都能明白「十八號」在亞洲棒球界的意義吧！？

從我小時候開始打球算起——來到職棒——再加上出征過的國際大賽，我見過許多揹著十八號的王牌，如大家耳熟能詳的：「東方特快車」郭泰源前輩、「嘟嘟」潘威倫、「平成怪物」松坂大輔等，但在我心中，就屬我十幾年的好隊友官大元「最特別」。

他沒有令人聞風喪膽的球速、也沒有令人一籌莫展的高三振率；他出賽的時機很不像一般傳統印象中的殺手級十八號，經常是在球隊落後或平手時登場。可是，透過他的努力，總能帶給球隊達到止血目的，然後，再由我們野手發起反攻的契機。

大元在隊上一直是很沉穩的代表人物，你不會在他身上看到資歷不夠漂亮的自卑，也不會看見他充滿傲氣地走下投手丘。但是在我讀過他的故事之後，才又更進一步明白，他今天能具備如此般的內斂與自信，真的很不容易。

謝謝大元十一年來為球隊出賽超過四百場、貢獻六百零一點二局，上場以外的時間，也一直在球隊裡扮演著學弟們的好榜樣。期待他能持續為球隊和球迷帶來一場又一場的精采好球，也期待讀者、球迷們會喜歡這部屬於他的故事。

做自己人生的轉運王牌

——蔡其昌
中華職棒大聯盟會長

從一位長年在轉播前應援吶喊的資深球迷，到擔任中華職棒大聯盟的新任會長，我一直與全聯盟工作同仁致力於讓球迷能看見不一樣的中華職棒。從球迷到會長的身分轉換過程，我感覺自己就像一位在牛棚蓄勢待發的後援投手，當前任隊友完成先發任務以後，輪到自己登板中繼，一肩扛起守護領先、迎接團隊勝利的重責大任，就好像本書主人翁—官大元的中職生涯寫照，無論戰局如何，都勇於接受挑戰。

後援投手，說是職棒球員中最辛勞的一個位置一點都不為過，「有功無賞、打壞要賠」，這句話一直都是這群幕後英雄背負的原罪；但作為職業運動員，大元有著超乎常人的毅力與堅持、有強大的勇氣與責任感，更有老將解讀比賽的經驗與價值，身在牛棚、面對場上瞬息萬變的戰局，他能隨時做好準備，在教練急 call 牛棚的那通電話響起時，為守護球隊的勝利做出貢獻。

走出球場外，大元的故事一樣引人入勝，家庭環境艱難、又非科班出身，秉持著對棒球的熱情和不輕言放棄的意志，努力自學，掌握際遇，讓他得以從素人邁向職棒殿堂，他的人生道路充滿荊棘，但也賦予了他踏上投手丘後有無懼的勇氣。走過新人年的震撼教育，官大元是「只要你夠努力，運氣也會站在你這邊」的最佳詮釋者，他以轉運手之姿勇奪新人王；儘管在職棒打滾多年，因傷勢和年齡讓成績有所起伏，他也依然能努力不輟，逆勢再起，在二〇二一年賽季締造開季無失分新猷，也成為中華職棒「東山再起獎」的新科得主。

棒球如人生，並不是每個人都有優渥的環境和出類拔萃的身體條件，也不是每個人都能成為光芒萬丈的先發投手。在職場上，大多數人都跟大元一樣，屬於不可或缺但默默耕耘的團隊要角，如何在缺乏鎂光燈關注的情況下，仍能保持正向積極的態度、隨時把自己的狀況準備到最好，在團隊真正需要你的時候貢獻一己之力，這就是「素人」一躍而成「英雄」的關鍵時刻，也是官大元的棒球人生帶給我們最好的典範。

令人感動的「元宇宙」

——潘忠韋　棒球球評

「因為我東山再起了！」

看著頒獎典禮上，大元舉起手中年度東山再起的獎座，霸氣宣言讓電視機前的我深受感動，要花費多大的力氣才能受到大家肯定？要承受多少磨難才能走到現在？好多疑問，在這本書裡，都有答案。

當我接到邀請，替大元的新書寫推薦序的當下，其實有些擔心自己的身體狀況會影響閱讀進度，會沒辦法在期限內完成。但是，點開剛到手的書稿，我知道一切都是多慮了。隨著流暢的文字，大元的人生也在眼前上演，九彎十八拐的棒球路，看得嘖嘖稱奇，也明白他能有今天的成就，是如此心安理得、一點都不僥倖！

在此之前，我所認識的大元跟大部分球迷所知道的其實差不多：不是傳統棒球名校出身，在大學之前沒有接受正規的棒球訓練，卻在職棒圈橫空出世扛起中繼重任，成為津津樂道的轉運手。印象中曾和大元當過非常短暫的隊友，當時是在LA NEW熊時期，一眼望去，不會特別注意到他，沒有高人一等、強壯如牛的身材，而且話不多，總是安靜的坐在一旁，直到一起訓練，才真正讓我印象深刻。一般來說，結束團隊練習，大多數的球員不是等著治療就是趕著回家，可是大元好像才剛熱身完，正要開始今日的課表！我知道他花了很多時間和力氣，想辦法讓自己更優秀、更容易被看見，現在才曉得，那時候的紀律和努力不懈，不只是追逐棒球夢想的意念，還有來自於渴望重寫人生的堅持。

大部份的人都曾經經歷過不那麼幸運的時刻，會流淚憤怒、會怨天尤人，找事情發脾氣、找個理由把夢想丟棄。但是，人生或許可以有不同的選擇，和書裡的大元一樣，山不轉路轉，被關了一扇門，就自己一磚一瓦蓋出更大更牢固的屋子。

書裡的文字帶給我很大的力量，祝福大元未來每一步都能走向自己的期待，繼續寫下更多大元傳奇，也歡迎更多人光臨這個看得見、真實體現讓夢想成真，並且正在運轉中的「元宇宙」！

有夢想的人，終會在逐夢的賽道上完賽

——鍾宇政
嘉義大學棒球隊總教練

指引大元前往棒球路上的伯樂，正是現任國立體育大學技擊運動技術系王翔星副教授，當年我們都是碩士剛畢業的菜鳥老師，同學慧眼之下，開啟了我跟大元此生緊繫的師生情誼及共同的野球夢。

緣起台南善化國中，從研究所進入學界，漫天的運動科學論述，剛好運用在大元身上，就像試驗者似的，我們把「投手」拆解來訓練，並透過生理學、力學及重量訓練的機制印證在大元身上，我們深切了解他時間所剩不多，因為當他開始接受正規棒球專業訓練時，已經十九歲了。

投手是渾然天成的，但原生家庭的成長環境也影響鉅深，「我一個人起床、一個人上下學、一個人晚餐、一個人做作業、一個人睡覺」大元在國小六年級十二歲時，家庭的因素讓他必須比同儕早熟，為了生存動見觀瞻的敏感，卻造就了他特有的「投手」性格，投手在棒球守備位置上獨處於小山丘上，他需要環顧球場上的敵我動靜，適時做出牽制賽局的判斷、決定。

對追求棒球夢想的狂熱來到極致，且無所不用其極，「手套怎麼來的？當然是靠我鍥而不捨地向媽媽拜託、請願而得」，其次為了人生第一雙釘鞋，「進行竄改名次換取夢幻釘鞋的世紀大騙局」，絞盡腦汁只為擠身進入高中棒球隊殿堂，自行決定報考了台東體中及南英商工，在精英薈萃的試煉下初嘗敗果，卻後來就讀新竹磐石高中，自學棒球。追夢的初衷雖未能盡如人意，卻在天意最好的安排下，堅毅的往野球之路徐行奮進。

世界轉了一圈，又來到我的麾下，我喜歡有故事有話題的選手，包含磐石高中官大元或者中正大學機械系郭建宏，憂心他們熱愛棒球的狂熱恐會揠苗助長，我只能阻擋他們的瘋狂，澆熄他們的熱情，怕就怕他們練習停止不了，不怕他們不練，只怕他們操練過度。九層之臺起於累土，千里之行始於足下，就算台灣轉了半圈，從戎、轉學或城市隊，最終的目標就是我要打棒球。

台灣中華職棒只有四隊（二〇二一年五隊），大元十一年職棒生涯，從新人王、中繼王再到東山再起獎，身為一位投手，是非常艱鉅的一件事，除了面對使用過度或運動傷害問題外，最難克服的是打者對你的熟悉度，台灣俚語說「卡撐幾支毛都知道」，要一位投手維持十一年的成績時而振衰起敝，除了打拼、毅力與堅信的態度，否則真的是難上加難！我看大元投球的進化，從投球往好球帶塞，到二〇二一年進化到，好球、壞球的距離只在一球之隔的控球準度。

書中可以慢慢品嚼，家庭的遭遇對於學子性格成長的轉變，鑒於自幼父子關係的疏離，以至當為人父母後，必然給予子女滿滿的愛；其次，求學中對於自己志向的堅定，奠定邁向成功的康莊大道，然後，職棒的經歷像坐了雲霄飛車直到頂端，後又轉折跌入谷底，才深知一步一腳印的重要性，大元一路上都秉持著堅持、信念及熱情，雖然起步比人家慢，但是不跑永遠都不會到終點，在逐夢道路上。

Contents

還不配作夢

糟糕的二十五歲跨年夜

二〇〇八年十二月三十一日。

當全世界都陶醉在倒數迎接新年到來的歡愉氣氛時，我卻感受不到任何一絲喜悅。

中華職棒刻意選在二〇〇八年的最後一天舉辦年度新人選秀會和特別選秀會，也許象徵著聯盟要除舊佈新，告別發生在該年的「黑歷史」。當屆新人選秀會高手如雲，有名聲響亮的旅外歸國好手，如曹錦輝、耿伯軒、姜建銘；也有林泓育、林克謙、王鏡銘、王溢正這樣在業餘時期就備受期待的「大物」新秀；但相較於選秀會上的眾星雲集，大環境的現實是中華職棒那年從六隊減為四隊，在兵源不虞匱乏的情況下，最終新人選秀會三十三位入選名單上並沒有我的名字。

Chapter. 1

「元」來我

雖然常聽人家說：「能跟高手競爭表示自己也不差，所以輸了也要感到自豪。」但我在選秀會當晚內心真的燃不起一絲正向情緒火花，一方面我對自己能被選上充滿信心；另一方面，我已經二十五歲了，錯過這次機會之後，我還能有下一次嗎？

時間是凌晨十二點五十九分五十九秒。外頭的璀璨煙花與喧鬧，與我內心的徬徨無助形成極為諷刺的對比。

跨年的第一天、第一秒浮現在我腦海裡的思緒滿是跨不過的遺憾，該做的事沒做到、想圓的夢圓不了，同一時間心中想到的是讓我滿懷愧疚的她——媽媽。

我想，媽媽那時的心情應該也非常複雜吧?!她無法替我分擔在棒球路上跌跌撞撞的壓力、難過與失落，不過，她竭盡所能供給我生活上的需求，也從來不需要我擔心她。

有一段與她的對話我永遠記得。

那天我跟媽媽說：「不然我去找份工作？」她無奈的表示：「你是退伍了沒錯，但大學都還沒畢業是要做什麼？」我頓時語塞。說不出口的是心中那股覺得自己很「窩囊」的感覺，總覺得自己年紀也不小了，一直靠媽媽資助生活費很無能。

「元，家裡現在沒有急缺你賺錢。」媽媽語帶不捨地說道：「你就好好完成你想做的事吧！」

那一刻我才意會到，那個曾經是全世界最反對我打棒球的女人，不知道從什麼時候開始，默默地希望成為我最堅強的後盾。

2009中華職棒大聯盟年度選秀會
SINON
BEARS
林克謙
林國民
藍少白
吳宗峻
陳柏丞
耿伯軒
王溢正
林泓育
何信賢
陳雁風
馬學平
朱世宏
顏保羅

失落的 2008 選秀會。

地震三十秒，餘震三十年

標題這句話，是電影《唐山大地震》的宣傳標語。自從我第一次看見這句話時，就再也忘不掉了。

因為——太深刻了。

我不是地震受災戶，但內心曾經受過的震盪，在我心中壓抑了三十餘年。

我以為我忘得掉。

可是，每一幕都像是昨天剛發生的一樣清楚。

一樣折磨。

Chapter. 2

母親

我最早的童年回憶，起源於一段暴力陰影。我不只一次目睹媽媽被另一位官姓的男人暴力相待，而這位也姓官的男子，正是她的丈夫，我的父親……

長期在扭曲的家庭互動下成長，讓我從小就對緊繃的氣氛相當敏感，不到十歲的我，就能分辨大人口中的「沒事」到底是真、是假。

某個午夜，我童年記憶裡最嚴重的暴力事件發生，讓媽媽的身體受傷了……

巨大的撞擊聲，劃破了寧靜的深夜；媽媽悲戚的哀嚎讓我驚醒，我圓睜雙眼、害怕至極，卻只能無助捲曲地在床上裝睡，眼裡除了恐懼，什麼也看不見。

從「那天晚上」開始，我就很怕用力關門和物品掉落所發出的巨大聲響，還有急促拉拉鍊的聲音。

黑夜裡，聽覺想幫助我起身跑向媽媽的身旁，試圖陪伴她承擔這次的痛苦；但這一次，媽媽不再忍耐了，她一邊啜泣、一邊急促地拉開衣櫥的拉鍊收拾行李，這最後一道聲音，就是我害怕拉鍊聲的起源——那意味著我的媽媽已經心力交瘁，顧不得還在床上動彈不得的我，便連夜逃家離去。

眼淚早已浸溼了我的枕頭，但我依舊連翻身都不敢。

我好痛苦，我知道媽媽離開了，而我卻被留下了；但我不恨她，我只希望她趕快逃得遠遠的，免得被抓回來之後又要經受一頓毒打。

可是，我還是很想她，也很想知道——我的媽媽到底去了哪裡？

隔天一早，我知道我必須起床，儘管我根本不想面對失去母親後的人生。我還記得我下了床，感覺自己吸不到空氣，就像整個房間裡的空氣都被抽離，一併榨乾了聲音傳播的媒介，讓整個家靜默到宛如某個猛鬼官邸。接著，我走到客廳，那道令我畏懼的背影動也不動的杵在椅子上。我沒有多問、也不敢多問，但他大概也了解深夜的巨大聲響和哀鳴不可能躲過我的聽覺。他嘆了一口氣，轉過頭來看了我一眼，但我刻意錯開與他的眼神交會，因為，那是我唯一可以做的無言抗議。

那一年，我才只有十歲。

在大人眼中，還被歸類在懵懵懂懂的年紀，那一刻卻有了現實無比的念頭——想活下去，也只剩他能依靠了。

但他似乎並不這麼想。

我的家，不是我的家

媽媽離開後，我被我以為的「唯一依靠」送到了新竹爺爺家。

偶爾他會來看看我，一起吃一頓缺乏感情溫度的飯。有一次我無意間聽到他和爺爺在房裡的對話，才知道他的偶爾出現，很多時候只是為了送來有限的伙食費，盡他口中所謂的「責任」。

爺爺家除了爺爺以外，還有我的姑姑和其一家人，雖然他們也是我的親人，在那段時期也想盡一份心力把我當自己的孩子好好照顧我；可是從小缺乏跟他們朝夕相處的經驗，加上目睹多次家庭暴力事件形成的心理創傷，限制了我和爺爺、姑姑一家人發展出如同對媽媽一般的信任，自然也不可能像對媽媽那樣肆無忌憚的想到什麼就說什麼。很早就懂得察言觀色的我，很多話在諸多顧忌下，要不是不能說、就是不敢說，最後就索性什麼都不說了。

於是，我收起所有的喜怒哀樂，變得越來越孤僻。

我知道也許在法律上不構成「遺棄」，但在一個國小三年級孩子的內心裡感受就是如此。我覺得自己是一個親生父母不要的孩子，無法在至親的陪伴下成長，住在「最親的陌生人」家裡，漸漸披上一件厚重的自卑外衣。

現在回想起來，那時的我並不是故意要孤立自己、也不是討厭與我有血緣的親屬們，我只是害怕建立起新的情感連結後，又會因為各種我無法控制的因素被奪去——「我不想再被丟掉了，所以別再騙我說會好好照顧我！」——這是那時藏在童稚心靈深處的吶喊。

雖然我害怕說出內心的慾望，但不代表我就能杜絕慾望的驅使。

對一個孩子來說，最難抵抗的慾望，就是食慾。

這個很充分又單純的理由推了我一把——肚子餓，使我幾次在店家裡「借」了口袋銅板「還」

不起的食物……

我自認不是個壞孩子，但那時我的世界是黑白的，所以我在扭曲的自我價值觀中縱容了錯誤的行為，理直氣壯地逾越那條社會規範的紅線。

所幸，在我走上偏路以前，那位曾經在我童年填上色彩的人回來了——媽媽。

媽媽在離家以後，到台南與我三阿姨同住，因為倉皇離去，其後兩年間與我失去聯繫，直到我國小五年級的時候，同在新竹舅舅家的大表哥在路上與我偶遇，並將我的近況與住處告知舅舅，媽媽才輾轉得到我的消息。

我從來沒有埋怨媽媽當時拋下我跑掉，迫於環境因素早熟而重視現實面的我，當時就能理解「會被打當然要先跑」的生存法則。媽媽先求自保是家暴陰影造成的結果，而始作俑者並不是她；可是五年級時「媽媽重新進入我人生」的契機重新出現時，這道希望之光曾經又一次讓我感到惶恐。

因為我害怕改變現狀。

從媽媽離開、爸爸把我丟到新竹爺爺家的這二年，我已經習慣「放牛吃草」的生活，功課沒人教？算了！玩耍沒人陪？沒關係！我已有「這就是我的童年」的自覺。當那個曾讓我以為不會擁有的幸福再次降臨時，幼小的我只感到手足無措，害怕這樣的幸福只是幻影，會不會在媽媽回到我身邊後，我們又會再次因為無法控制的因素分離，幸福的假象在一夕間煙消雲散？

再見到媽媽那天，我很錯亂，被我過得一蹋糊塗的日子及當時狼狽的模樣，在這位天使面前都讓我顯得慚愧。但當我真正再次見到媽媽的那一刻，我知道，她，是我最放心的依靠。我不想再因為什麼狗屁倒灶的事錯過這次的機會了。

我只想跟她在一起，就好。

有她在，都好

媽媽來接我之後，我便跟著她重新生活。

我很慶幸我的人生裡重新擁有她，雖然母子倆度過一段相當艱辛的時光，每當回憶起這段往事，我的眼眶就會像那時候住的老屋一樣——不停滲水。

我那時稱為「家」的地方，是租賃房東家三合院的一隅，客廳由簡陋鐵皮搭成，夏天時宛如烤箱，人一進到屋內便會立即爆汗；冬天時又變成冰庫，冷到在室內還得穿得像在戶外一樣多；下雨天時會漏水，室內潮濕到讓門都朽成腐木，一觸碰就會沾染滿手的粉屑。我和媽媽同睡的房間也好不到哪裡去，任誰到那裡都能輕易看出是很勉強騰出的空間，隔著一房兩室的大牆還未封到頂，我不僅可以看到一牆之隔的房東家燈座餘光，還能清楚地聽見他們家的對話，毫無隱私可言。

話雖如此，我幾乎沒有跟媽媽抱怨過那地方不好。因為我知道那是我們當時唯一住得起的地方。

因為我不想再和媽媽分開……

媽媽為了養活我們兼了很多工作，工廠玩具組裝、燈泡包裝的家庭代工、檳榔攤買賣批發，還有鞋子車縫；那段時期媽媽為了趕工，經常在深夜時依舊孜孜不倦地踏著裁縫車，而裁縫車發出的陣陣音頻就像助眠的白噪音，哄著說要陪媽媽奮戰到最後的我，直到體力不支地睡在鞋堆裡。

記得有一天，媽媽含著眼淚對我說：「元，媽媽想讓你過好一點的日子，所以我必須要想辦法賺更多的錢；我要出去工作，可能會常常不在家，你要在我不在家時照顧好自己，好嗎？」

我其實不怕自己獨處，我只擔心媽媽會不會又離開我，所以只好連忙答應她我會乖乖在家，只要——

她還會回來。

沒有辦法的辦法

我後來才知道媽媽的新工作是從事看護工，而我們的生活也如媽媽的諾言，自從她開始當看護之後，比較不用擔心下一餐的著落。

我國小六年級起，媽媽的看護工作是照顧一位失智症的阿嬤，她的名字叫作鄭謝寶彩，她曾因失智而走失多次，後來鄭家人聘請我媽媽來做二十四小時的全天照護，雖然這份工作需要投入的時間和精神很多，媽媽忙起來，我常好幾天都看不到她。但也基於這段緣分，阿嬤和她兒子鄭叔叔對我們家很關照，給媽媽的薪水也很好，鄭叔叔以阿嬤之名所設立的基金會也不時想提供我

鄭謝寶彩阿嬤，他們家那時幫助我們許多，雖然阿嬤如今離世了，但對他們一家的感謝從未消失。

獎學金。

從我國小到大學，媽媽擔任阿嬤的看護將近十五年，鄭家長輩現在仍與我們保持聯繫，逢年過節仍會邀我餐敘。鄭家叔叔是我們家的貴人，因為他的幫助，讓我們的生活不再徬徨無措，對未來也能充滿更多希望，至今回想起來，實在感謝上天的眷顧，讓我們遇到阿嬤，得以認識這麼善良的一家人。

但隨著媽媽累積更多的看護經驗和口碑，我們母子倆相處的時間就愈來愈少了。我們經常兩週以上見不到幾次面，並持續好長一段時間；每次她回家拿換洗衣物時，我要不是在學校，就是正熟睡著。有時候我會意識到她回來了，便趕緊從床上跳起來想看看她；但難得見上一面後，說不到幾句話，她又催促我趕快回去睡覺，隨即提起包包趕著出門。

我知道她正在為「我們」犧牲，為了讓我過好日子，她犧牲了休息時間、也隱藏了自己的感受；而我也是，我犧牲的是很多想跟媽媽說的心事，為了不讓她擔心，我通通往肚子裡吞。

她不在的日子，我必須獨自打理一切，我必須負起她唯一託付給我的責任——照顧好自己。我一個人起床、一個人上下學、一個人晚餐、一個人做作業、一個人睡覺，我不斷告訴自己不能再出包，每件事都得遵守承諾；遵守「照顧好自己」的承諾。

媽媽的朋友聊天時也曾問起，說我還那麼小，怎麼安心放我自己在家、怎麼捨得讓我獨自生活。媽媽則是強忍著心酸無奈地說：

「我就一個女人，為了生活有什麼辦法？」

人說「為母則強」，這意思大概就是如此吧？一個女人為了自己的孩子，不再嚮往脫離失敗婚姻後的第二人生可以有多精彩；她不怨天尤人，獨自扛下扶養重擔，堅強地用自己的方式把我帶大。我的媽媽不善言辭，她最常跟我說的「大道理」就只是：「我做得到，你也一定要做到！」

我就是看著她的身影，從她的身教中學會「責任的模樣」。

遺憾嗎？

幾年前，他離開了我。

而且是真的離開了。

要不是我自己提起，這輩子大概再也不會有人對我詢問有關他和我的往事。

父親對我的人生，不盡然全是負面的；但留下太多坑坑巴巴的窟窿，卻是不爭的事實。

即使我搬去和媽媽一起住，父親仍堅持要保有我的監護權，在互不干涉生活的協議下，只要孩子能在身邊，媽媽什麼都退讓，

Chapter. 3

父親

因為她知道，握有監護權只是父親一貫的作風，想緊握著一樣東西在手中，儘管那東西他根本不會用。

不出所料，從我回到媽媽身邊直到國中畢業為止，這位「名義上的監護人」鮮少關心與連繫過我，他與媽媽的離婚手續也是在我國二的時候才完成，因為他秉持過去的行事風格，「消極拖延與不處理」。

我父親是一個家庭責任感薄弱的人，他工作不穩定，做過地下爆竹工廠、也做過魚池生意，但總是自己賺自己花，沒有儲蓄概念，媽媽為了持家設法存下錢，被他發現以後還因為「私自藏錢」這種莫名的理由挨打。

我在自己建立家庭以後，偶爾看到一些社工短片裡，記錄著弱勢單親家庭的處境，他們家徒四壁又無力撫養小孩，只能含淚將孩子送去親戚家或機構照顧，但那份再窮也不想跟至親分開的情感還是溢於言表。

媽媽離家那兩年，我被父親送去新竹和爺爺住，在最需要至親陪伴的年紀時，那個為了生存被我認定為僅存的依靠者，卻只想著要擺脫照顧小孩的責任。

孩子的心裡真正所想的並不是要有多好的物質生活，只是要你有心去愛而已。

棒球帶來的交集

很多人的棒球啟蒙者是自己的父親，和孩子傳接球是很多家庭的幸福回憶。

儘管我六歲就喜歡棒球，但我父親對我的愛好一無所知，雖然官家很多長輩都看棒球，我爸也不例外，但他本身並不是愛好者。

從搬離爺爺家以後，我與官家的親戚基本上毫無聯繫，直到我在磐石高中打青棒盃賽時，父親才偶爾打電話來關心，與我開始有一些斷斷續續的互動。我記得高三打金龍旗的時候，他還從中壢開車去澄清湖看我比賽。在我高中打工時的牛排館，他也偶爾會趁我上下班的空檔來找我。

當時的我，已不再是那個徬徨無助的孩子，在他一手造就的環境下，我習慣沒有人陪伴，一個人處理壓力和困境，當一個男孩最需要愛、鼓勵與人生各階段的榜樣時，他都是缺席的。

我後來回想，他會與我聯繫，應該是因為昔日他想遠遠逃避的「責任」已經成長到能獨立自主了，在教養與經濟負擔變小後，那個過去肩膀不能扛責任的男人也已上了年紀、漸漸沒了生活重心，這才想到那個自己雖握有監護權但久疏問候的孩子，所以才希望重新建立連結，填補自己內心的空虛。

因為棒球，讓我與他多了一種不那麼尷尬的關係——台上的觀眾與場上的球員，他會關注我的成績、關心我的身體，比起一般球迷可以更大方的載我一程或準備餐點。只是成長的過程有泰半時間他都不在身旁，我的人格形塑與生活觀念也多以媽媽為模板；至於因為目睹他施行家暴所造成的心靈創傷，也是我自己拿泥巴塗抹、遮掩起來的。

面對他，始終會在我心裡泛起一股很異樣的感受。

二〇一九年十月，他因為胰臟癌而過世，我記得那天我在桃園球場比賽，在賽後結束從電話裡得知這個消息，當晚我跟球隊請假返回新竹，與他做最後的道別。

遺憾嗎？

可能吧？！

「遺憾嗎？」這也是我很想問他的話。

我很想知道，本該深厚的父子情，卻落得勉強用球迷與球員之間的關係來維持聯繫，他心中到底做何感想？

只是，再也沒機會了。

不過，無論是對他或對我，至少在天人永隔之際，彼此心中都沒有「恨」；這已是這段崎嶇複雜的關係下，最大的慰藉了吧？

壞經驗、好導師

因為他，我很小就學會獨立，也懂得與人交際時要察言觀色，以及親自安撫自己的心情。我懂得如何過一個人的生活，即便周遭只剩空氣，一樣可以過得自在。

小時候，我很討厭同學問起我的家庭。每當班上同學聊起爸媽帶他們去哪裡玩、爸媽從事什麼工作的時候，我通常都閃得遠遠的。不過，我躲不掉的就是來自老師的關心與追問。

「你爸呢？」

「在外地。」

我頂多只能回答到這裡，再追問下去你就會看見我飄忽的眼神和急欲逃脫的躁動身軀。

要一個小學生具體敘述不健全的家庭狀況以及對他的影響；別說那時的我不懂，即使到現在我也很難確切地說出答案。

有了自己的孩子之後，我更加確定身為父親該有的責任是什麼。

對於懵懵懂懂的孩子，他所獲得的生活、教養和陪伴，都不是他自己可以主動爭取的，而是完全仰賴父母所做出的決定。若從這個角度來看，不是我讓父親消失在我的生活中，而是他「選擇」讓我在他的人生缺席。

所以一直以來，比起他偶爾出現，然後很突兀的問我「最近過得如何？」我更希望他不在爺爺家、不在校門口、不在球場看台上，不在任何一個我已經調整好心境的地方，無預警的再次揭開我結痂已久的心痕；我無力再次陷入混亂，聽他將參與我不到十之一二的人生片段，說成「百分之百」的陪伴。

「我很好，我已經習慣了。」

我的冷漠，不是要反擊他、傷害他。我只是想好好保護我自己，保護我那曾經傷痕累累的心。

俗話說：「經驗是最好的老師」。成長路上，媽媽也常常教導我有關家庭責任的觀念。切身之痛讓我引以為戒，也讓我明白及格的丈夫和爸爸該是什麼模樣。

一個家庭的正常運作靠的不只是「錢」；丈夫與妻子、媽媽與小孩、小孩與爸爸，每個家庭成員的互動與共同經驗是需要親力親為的。若我想讓我的家庭與兒時的人生境遇絕緣，就完全取決於我用什麼樣的姿態參與其中。如何在生活、物質、教育、陪伴等面向，讓太太和孩子都感到富足，是我堅持一定要達到的目標。

分享這段塵封心中已久且不算美好的往事，是想讓有類似境遇的人知道，就算現在如此，未來的人生也不是沒有希望的。

家暴與單親的環境，常伴隨發生的問題是孩子在學校的弱勢，沒有爸媽陪伴的孩子容易走向兩個極端，不是認清自己必須更努力而極端獨立，就是泥足深陷，自暴自棄；我很幸運身為前者，在媽媽的身教下我不敢學壞，而對棒球的熾熱情感，也點亮了我未來的人生道路。

愛棒球

夢的起點

夢想，就像宇宙一樣，不是平白無故地出現，而是源自某個「奇點」。

會讓一個男孩深深的愛上棒球，通常緣起於親子間在庭院的傳接球練習、或是看過一場終身難忘的經典球賽，又或是見證了某位重量級球星的精湛演出，為其風采折服，自此對棒球傾心。

但我不一樣！

我的夢想發源於一位極其平凡的人物和一條單調的巷弄。

沒記錯的話，那時我才六歲。在小小的心靈世界裡，我最崇

Chapter. 4

就是

拜的英雄，是我「能投擅打」的——大表哥。我經常看著大表哥和一群孩子一塊打球，他既是王牌投手又是最強棒次，在一群小小孩心中簡直是神一般的存在。為了讓我自己能成為像他一樣的「狠角色」，我開始模仿他的動作，拿起各式各樣的「球體」，對著家門外的牆壁「練投」。

大一點之後，我有了一副屬於自己的手套。我永遠記得那是一款號稱與當時味全龍隊洋投多力（Freddie Toliver）同款的手套（至少吊牌上是這麼宣傳的，還附上一張多力的照片），真的有夠神氣。至於手套怎麼來的？當然是靠我鍥而不捨地向媽媽拜託、請願而得。長大之後，才知道那副手套是媽媽皺著眉頭、咬緊牙關，在吃緊無比的開銷下滿足我的心願。可是，小孩的世界和大人不同，那時的我還不懂得什麼叫經濟壓力，只懂得「行頭」被比下去的不甘心，所以每到假日有機會跟著表哥到公園玩球時，看著鄰家小朋友們炫耀著自己全副武裝的棒球裝備，總是讓我氣個半死，卻又忍不住羨慕的多看幾眼。

我按耐不住「輸人不輸陣」的心態，跟媽媽說我想要一雙釘鞋，但媽媽認為我平常只是丟丟牆壁，偶爾假日去公園打球，也不是什麼校隊成員，根本用不到一雙「不便宜的奇怪鞋子」。更重要的是，她根本不希望我打球！這般「請願」只給自己招來一頓臭罵。

日子一天天過去，當我已經大到可以自己騎腳踏車外出閒晃時，我會趁著下課騎回家的空檔，跑去體育用品店摸摸名牌手套、摸摸球棒、看看釘鞋，經常看到忘我、忘記時間，直到快要晚餐時間才回到家。如果媽媽當天下班後比我早進家門，都會問我「到底又跑去哪裡鬼混，怎麼那麼晚？」我只能支支吾吾、答非所問，隨便編個理由糊弄過去。為什麼不敢說明具體原因？我猜大概和「買釘鞋請願事件」有關，畢竟當天被罵完之後，我已經明確知道媽媽是位想斬斷我棒球夢的劊子手；既然她都表明不支持了，再讓她知道我常跑去體育用品店「聞香」，大概又要被迫上一堂有關生涯發展的思想教育課程。

我和媽媽的投打對決

後來持續好長一段時間，我下課後的第一站就是到體育用品店報到，不知道的人可能會誤以為我是那家店老闆的乖兒子，下課後就直奔「回家」；殊不知，我根本是店主眼中的怪小孩，每天都來摸他的商品，卻沒有一次買過。

有一天，下課後我按照慣例至體育用品店「打卡」完再回家，但眼前一號讓我驚悚不已的人物就杵在家門口準備熱情迎接我的歸來。

「死．定．了⋯」我心裡想著。

「你，到底又跑去哪？」媽媽嚴厲的質問著。

「體育用品店。」這回對手威壓感太強，我只好從實招來。

「去幹嘛？」媽媽持續進攻我的內角好球帶。

「看棒球用具。」我用打直球的反應速度回答。

聽完之後，媽媽什麼也沒說，轉頭走進屋子裡。

「吃飯了！快點！」她進到廚房裡才又催促著說。

「太好了！看來這次我的『擊球策略』大成功！」我心中暗自竊喜著。

那次「對決」之後，只要我又在店家看得出神導致遲歸，媽媽問我跑去哪裡時，我都相當明快、爽朗地回答她：「體育用品店看棒球用具。」

有一次我們吃飯時，她突然問我：「你真的很想要釘鞋？」

「當然！」我超快回答，因為我嗅到機會來臨的氣味。

接著媽媽使出家庭主婦普遍都會使用的招數來與我進行協商，她說：「你拿考試成績來換，三次考試都進步五個名次，我就買給你。」

「好！」我依舊閃電回答。

可是說完話之後我才意識到——我被她從好球帶拐向壞球區的犀利滑球釣中了……

天啊！這對我來說根本是不可能的任務！但我完全沒機會跟她爭論是否有「改判空間」，因為我已經揮棒了！

一直以來，我的成績在班上排名都是「數一數二」的——嗯，當然是從後面數過來。而且，和我一起吊車尾的幾個朋友，長久以來已建立「堅不可摧」的革命情感，也曾幼稚地約好這輩子一起「我就爛」。

但是——為了那雙夢想中的釘鞋——我得忍痛棄守爐主的地位了。

不擇手段為棒球

我真的腳踏實地努力了一段時間，那些向來都如點頭之交的資優生，開始成為我下課後抱著不放的「佛腳」。洗心革面的努力真的換來一些分數的進帳，各科都有成長的幅度，但分數加總起來依舊不足已將我向上推升五個名次。

不行不行！照這個進度下去，我的釘鞋大概會永遠被放在「空中閣樓」的鞋櫃裡。

我得想想其他辦法……

此時我那對付學科毫不管用的腦袋靈光一閃，將我的眼珠望向桌上的立可白——有了！

「原來『讀書』真的會讓人變聰明！」我衷心佩服自己的歪腦筋。

我找了幾位字跡很像大人的同學，然後請他們模仿老師的筆跡……

沒錯！以我為首的「詐騙集團」正籌劃著透過竄改名次換取夢幻釘鞋的世紀大騙局！我們的分工相當細膩，我們有「臨摹組」，還有「鑑定組」：臨摹組負責復刻筆跡，鑑定組把關擬真度。而我當然是負責風險最大的「實驗組」，專司把「贗品」拿回家讓家長過目、簽名。

除此之外，我們還有「戲劇組」，主要協助集團成員設想所有可能發生的對話模擬和出包收尾。

結果，我真的成功了！而且反覆做了「三次」……

當我順利拿到媽媽兌現承諾買給我的釘鞋時，我隔天就帶到學校去，並拿著它跟我的集團成員們表達我的得獎感言：「首先，我要謝謝我得力的ＸＸＸ同學，沒有妳的幫忙，我無法得到這個獎。」

台下成員熱烈歡呼，只差沒有擦拭熱淚。

「官大元！你可以的！你做到了！」身為臨摹組第一把交椅的女同學喊道。

「嗯嗯！對！沒錯！我用『我的方法』做到了！」我驕傲地說。

以上致謝橋段純屬虛構！但我手上的釘鞋和幫助我的集團成員是真的。最終，我有向遭到詐騙的受害者——我媽媽——坦白自首，不過，那已經是二十多年以後，過了「法律追溯期」的事了，是我已為人父母，也開始簽小孩從學校帶回來的家庭聯絡簿時，我才跟媽媽提起這段為了棒球不擇手段的往事。

刺激一九九七

我國小就讀的學校雖然有少棒隊，但只是由資源班老師兼任教練、全隊僅十二、十三人左右的社團球隊，師資、設備和人手都很缺乏；四年級結束升高年級換班時，當時球隊的一位成員剛好換來跟我同班，下課時我們兩人經常去玩傳接球遊戲；後來在他的邀請下我也進入了棒球隊，和大家一起在下午三點過後去練習。

有一次盃賽剛好卡到月考時間，許多家長因此不讓小孩參加，我們球隊選手本來就不太夠，球隊老師看我好像能丟球就讓我擔任投手，那次比賽我出賽三場，投出一勝一敗的成績，沒有投球的時候就擔任一壘手，這次盃賽是我少棒生涯少數的回憶，也是比賽中擔綱投手的起點。

國小棒球與其說是訓練，對我來說更像是遊戲。上國中以後，因為身邊缺乏棒球同好而沒人可以陪我玩，而且面臨升學壓力，放學後我得開始跑補習班，志不在此的我其實書沒念好，也沒機會接觸進階棒球，但那股想打球的傻勁，從來未曾消失。

一九九五年底，台灣棒壇颳起了一陣「金龍旗旋風」！由年代電視台主辦、打著「台灣甲子園」的名號，搭配百萬獎金和電視實況轉播，甚至還有賽會防護員的高規格賽事，一下子就將青棒熱潮炒到最高點。

當時就讀國中的我，瞥見電視轉播金龍旗全國賽時轉播單位秀出的參賽球隊對戰表；我立刻衝到電視前，專心致志的數著有哪幾所來自新竹地區的高中報名參賽。那時的新竹還堪稱台灣的棒球沙漠，但完全阻撓不了一個熱血棒球少年積極尋找天命的決心。

國三畢業那年，我成天想著要用什麼方式說服媽媽，讓我在國中畢業後去讀有棒球校隊的學校。依我對她的了解，公立高中、職肯定是首選，因為學費便宜，校風也相對單純，可是無論怎麼開場，她總能從言語間看穿我的心思，直接點破「這所學校有棒球隊嘛」便一句將我駁回。

因為金龍旗的關係，我得知有一所學校叫「台東體中」。光是後面「體中」二字就深得我心，一心認定它肯定是所體育很強的學校（事實上也的確如此），絕對能讓國中、國小都沒棒球底子的我快速成長；也就完全忽視了校名最前頭「台東」這標明地理位置的字眼，這昭示這所學校位於我現居新竹的遙遠對角，可是我心中那股棒球烈火，就如同台東體中炙熱的紅色球衣一樣旺盛熱情，心一橫，根本不管媽媽會不會同意，我就想去弄一張體中的報名簡章！

我始終認為做任何事情「動機」是遠比「自信」更具影響力的心理要素，我會這麼說當然是

從小我就很喜歡很喜歡棒球，猜猜哪個是我。

有原因的，在那個網路還沒有普及的時代，我先用家用電話撥打查號台，查詢台東體中電話；接著再刻意壓低聲線，裝出一副是家長打來諮詢的模樣，打到體中再轉教務處分機，詢問如何報考棒球隊。電話那頭的職員告訴我，要先到郵局購買報名簡章金額的現金匯票及回郵信封，再一併寄到台東體中，之後學校便會將簡章再回寄到我家。

信件寄出那幾天，我覺得自己就像電影《刺激一九九五》的主角——有勇氣執行秘密任務，卻難掩焦慮心情。一直擔心著簡章會不會被媽媽第一時間截獲並當場銷毀。不過我的擔心是多餘的，因為我早已研究調查好郵件投遞和媽媽可能在家的時間，讓我能在對的時間、出現在對的地點，領取那封對的人幫我送來的「密件」。

我快速拆信，填妥所有需要填列的資料和最重要的棒球隊考試報名表，為的是預留緩衝時間給終究無法逃避面對的「夢想終結者」——我的阿母……無論我先前再怎麼計畫縝密，畢竟未來有可能得翻越中央山脈離家求學，所以我還是得和媽媽報告我準備寄出報名表，及什麼時間要去台東考試。

「唉唷，打棒球以後到底能幹嘛？你為什麼就是不死心啦？」
「那妳為什麼一直要阻止我打棒球？妳怎麼知道我以後不能幹嘛？」
「你為什麼這麼不聽話？老老實實讀書、上大學，不是很好嗎？」

雖然我早已做好遭一頓念（罵）的心理準備，但這樣的對話真的已經上演過無數次了。每次只要聊到「我要打棒球」的話題，我們母子倆就會跟仇人相見一樣爭得面紅耳赤，爭執結束後就是好幾天不講話。

媽媽在對話結束時總是千篇一律地撂下一句：「不准你去！」這次的秘密行動，自然也如出一轍的在雙方攤牌後就不了了之。

別讓別人告訴你「你辦不到」

以運動員而言我的身材不算出眾，棒球路的起點是以「愛」和「玩」為初衷，三級棒球我加入的球隊都不是科班，人數短缺是常見狀況，新生願意申請入隊基本上都當寶貝，所以即使各方面的條件不夠優異，也沒有遭受過同儕的批評和打壓。

小時候想打棒球，打擊我最多的就是我媽媽，她會說一些否定的話，例如「你就是不行啦、你不可能啦！」來打擊我的信心，希望我認清現實知難而退。

到自己為人父以後，偶爾看到太太在罵兒子，說他只顧著玩耍而忽略課業時，讓我很有畫面重疊感，也更能理解當時媽媽對我的苦口婆心。

我的媽媽成長在「萬般皆下品，唯有讀書高」風氣最盛的年代，舊式觀念下婆婆媽媽們相互比較哪家小孩比較會念書、比科系、比學歷、比收入高低、比工作有沒有出息等等，都是茶餘飯後談論攀比的話題。我所生長的新竹又是個科技城，不像大家提到台南棒球就會想到善化，知道那裡還有個王子燦；新竹沒有這種棒球指標，況且當時中華職棒剛起步，沒人能預料未來發展前景如何；媽媽在傳統觀念的薰陶下，會認為打棒球出路不好也是很正常的。

文憑決定起薪和升遷門檻，是台灣長期的生態，一直到近十年社會風氣逐漸轉變才有「行行出狀元」這種多元發展的觀念；當然，讀書是必要的，因為要完成夢想，必須知道自己需要用哪些知識精進自己，達到目標，念書是獲取知識的來源，也是圓夢的輔助工具；但若是純粹為升學而被迫填鴨教育的狀況下，往往都造成反效果……

我國中學業成績就不是很好，所以有一陣子媽媽積極鼓吹我去念軍校，因為軍校包吃、包住、包學費，水電費還有減免，能夠減輕家裡經濟壓力，還能兼顧未來出路。但無拘無束習慣的我無法接受這種離家遠、不自由還要被集中管理的環境，直到舅媽也來勸說，我媽才得知軍校如果沒念完還要賠錢，才打消讓我讀軍校的念頭。

與強敵作戰還是要有夥伴

「行動代號：台東體中」的任務以失敗告終後，我並沒有放棄，旋即又發起了「行動代號：南英商工」的計畫。

不過，敘述這次南英計畫前，要先補述一些出場人物。我的舅媽因為工作需求，遠從花蓮來到新竹和我們家一起生活了一段時間；而我表姊為了來找舅媽，也來我家住了幾週——那幾週正適逢我的南英計畫期間。

沒有太多獨自出遠門經驗的我，想說既然表姊來了，就趁機偷偷告訴她我幾天後要去台南考試的事，並請她陪我去。表姊都還沒答應我，我就興沖沖地從撲滿把積攢下來的錢都交給她，請她去幫我買新竹、台南的來回車票，並懇求她幫我保守偷跑去考試的秘密。幾天後，我放學回到家看到表姊坐在客廳，便湊過去小聲地問她：「車票買了嗎？」表姊面有難色搖了搖頭，接著身後就傳來我熟悉的魔王腳步聲——

「系啊！我被出賣了！」我心中惶恐地想著。

「你好大的膽子啊！竟然想偷跑去考棒球！？」媽媽大發雷霆責罵：「還拿錢叫姊姊去買車票！你是拿多少錢給人家你知道嗎？只拿夠你一個人來回的錢還敢叫人家陪你去！？」

「……對欸！我一時太嗨以為討到救兵，怎麼沒想到這個蠢問題……」我一邊接受著媽媽的痛批，一邊懊惱地想著。

反正也習慣了，講到棒球母子間就沒好事。

「姑姑，妳就讓他去嘛……」救兵（還是叛徒？）表姊倒是出聲了，雖然氣勢有點弱。

「他整天就想打球，都不用讀書；人家從小就開始打了，他現在才開始哪來得及？」媽媽立刻收起惡魔口吻，改以無奈的口吻對表姊說。

「還說咧！我國小就說要打球啦！就妳都不肯的啊！」我肯定是仗著現場有媽媽以外的人，說話也不禁拿翹了。

「你看你啦！瘦巴巴的，人家打球身材都很好，你是那塊料嗎？不要笑死人了！」媽媽語帶嘲諷地回嗆。

那時（都快國中畢業）才一百四十七公分的我，每次聽到這種話時都是捏緊拳頭恨恨地想：「還不是妳生的……」

看著母子倆的對話陷入僵局，舅媽忍不住開口說話勸道：「妳就讓他去嘛！沒考到就算了，考到再說啊！你們兩個總是在爭這件事有什麼用？」表姊在旁也又跟著幫腔了幾句，雖然當時我已經轉頭回房直接關上房門，但心中很是感謝舅媽母女倆的幫忙。

過不一會兒，表姊來到我的房間，拍拍我安慰道：「姊姊下禮拜帶你去！」

天啊！舅媽和表姊真是我的恩人！

棒球傻瓜

風塵僕僕來到台南球場。之前從未踏上正式規格場地的我，第一次踏上的，就是這座在電視上經常看到的「南霸天」大本營！畢竟我是「考生」，對比充滿新鮮感的表姊，我不得不承認，十八點四四公尺的投捕距離、二十七點四三公尺的壘包間距，還有遠在四百英尺外的中外野全壘打大牆，真的把我驚呆了！

來應試的考生們又是球衣、球褲，又是釘鞋、球棒，各個全副武裝；而我只是穿著一般運動短褲配著一雙布鞋（國小騙來的那雙釘鞋早就穿不下了），看過其他應試者再對比當天自身的模樣，我都覺得自己根本是來亂的。

當天現場測試項目依序為：打、守、跑。在我上場前，已經有兩三位拿著鋁棒把球扛過全壘打大牆的考生，那種擊球力道完全不是用掃把打紙球可以比擬的……當下我已興起「不如歸去」

的念頭；但心底那股對棒球的執拗還是推動我走進打擊區；穿著布鞋，也不懂用腳撥平前位打者揮棒時因強力旋轉所留下的痕跡，立足未穩的我勉強將兩顆球擊飛過「內野」，其他的球大多像我當下的心情一樣——羞愧地垂落在腳邊。

守備測試也不用多想了……前幾顆球迎面打來，我根本完全無法反應，只聽著一旁的教練用道地的台語說道：「打卡慢欸！等等他若受傷咱賠沒起！」而跑壘測試，我更像個來訪視壘包品質的巡視員，待所有人都跑過一輪之後，我才滿懷誠意地體驗一下職棒壘包踩起來的感覺和紙箱有什麼差別。

尷尬的表姊和沮喪的我，心裡想的都是同一件事：「國中生怎麼能這麼強！？」

這是我人生第一次的棒球測試——早知道我就自己來了，因為這下表姊大概也會倒戈相向，叫我不要再想打棒球的事了……

雖然被其他考生的實力震懾，但也總算是見了世面，從台南回家以後還是得準備高中升學的事，時間一直往前走，沒有太多空間讓我思考遭到的打擊，但無法進入棒球名校難免讓人有點沮喪。回家後，我就像洩了氣的皮球，有段時間想起棒球就會連帶想到測試那天的「心靈創傷」。不久後的學測我考了鳥鳥的分數（嚴格說起來也是我「正常發揮」的學科實力），如媽媽所願地老實選填離家較近的新竹磐石高中就讀，暑假期間，我也開始去牛排店應徵打工。

渾渾噩噩地端牛排端到開學，開學首周我依舊是一個因為無法打棒球而失了魂的落魄青年，直到一次天籟般的廣播悅耳地傳到我的耳際。

「體育室報告！體育室報告！本校體育室辦理新學年『棒球隊』、籃球隊、拳擊隊新生招募！請有意願加入『棒球隊』、籃球隊、拳擊隊的新生，放學後到體育室門口報到！請有意願加入『棒球隊』、籃球隊、拳擊隊的新生，放學後到體育室門口報到！報告完畢。」

「蛤！什麼！這所學校竟然有棒球隊！」我立刻從座位上彈起！不曉得有沒有嚇到剛編班的新同學？想說這個活屍怎麼忽然之間甦醒了！？

「啊哈哈哈哈！媽媽妳輸了！千算萬算沒料到我還是進棒球隊了！爽啦！」重獲新生的我，洋洋得意地從放學後的體育室昂首闊步而去。

那天新竹午後的空氣，是我十五歲以來聞過最甜的一次！

磐石

夢想終結者的讓步

迫於經濟壓力，媽媽在我童年時曾希望我走的道路是「好好讀書、升學、找安穩工作」；而我當時懷抱的棒球夢，則是前路茫茫又缺乏實踐計劃，難以消除媽媽的疑慮，所以每當討論到棒球這件事，我們總是意見分歧。

這種僵局要想突破，只能從我自身的改變開始。確定就讀磐石高中後，我開始尋找打工，我去新竹棒球場附近的牛排館應徵服務生，還因未滿十六歲讓店主不敢雇用；但後來我發現他們一直沒徵到人，加上我三番兩次積極詢問，才讓店家決定錄用。我在牛排館做了七個月服務生，後來還去麥當勞打工過一陣子，麥當勞當時的時薪是六十二元，而且上班時間餐點不用錢！做了三個禮拜左右，我又去加油站當工讀生，當時時薪有九十元，試用期過後調到一百

Chapter. 5

自學的

元，每作滿一年時薪就加十元，從高一做到高三後，我的時薪漲到一百二十元，還靠自己打工存的錢買了摩托車。

半工半讀增長了我的閱歷和收入，也讓媽媽意識到我已脫離家長應全盤掌控的階段，既然無法控制，那就順其自然吧！

「如果參加棒球隊只是玩玩社團，當作運動也沒關係吧？」

回想起來，媽媽不再強烈反對我打棒球，應該是從我在磐石高中時的成長開始的。最大的「夢想終結者」都已經讓步，我的棒球新篇章也就可以順理成章地翻開新頁了。

自學青棒路

「學長，你大學前真的沒打過球喔？」

在我職棒生涯後期，每年入隊的新人總有人問我這個問題，先前高宇杰問過一次，去年換宋晟睿問。

我都回他們：「你們看黑豹旗八十強以外的球隊，我高中投球大概就是那個樣子。」

他們口中的沒打過球，是指沒打過科班出身的正規青棒，出身傳統強權的選手們，應該很難想像沒受過正規三級棒球訓練的學長，是如何在職棒修羅場摸爬滾打十多年吧。

我的母校磐石高中是高中、職綜合學校，我念的是電機科，如果你現在給我一把噴槍，弄S

型水管我還是可以辦得到的，但我從來沒想過要當水電工，高中時期滿腦子想的就只有棒球。

磐石棒球隊的徵選，基本上是有報名就可以參加，每一屆新生入隊大概也就五個，球隊只煩惱人數不足，根本不在意你有沒有經驗，只要來申請幾乎來者不拒，入隊前雖有簡單的測試，但就只是隊長跟你傳接球或做守備練習，看看你有沒有一點「打球的樣子」而已。

我們全隊大概十五個人左右，將將達到報名比賽的人數，成員中部分畢業於香山國中的學長們有棒球底子，他們有些是沒考上外縣市青棒名校，有些是本已放棄棒球打算正常升學，卻恰好又碰上磐石高中有球隊，就手癢加入了。

學校運動場空間不大，我們都在籃球和排球共用的綜合場地練習對丟，由於距離不夠，最長距離也只能丟五十公尺。學校的棒球器材偶爾靠比賽獎金添購，以前在新竹縣內的市長盃，第一名幾乎都被光復高中包辦，我們學校常是第二名，亞軍也有三萬元獎金，體育組就會撥給棒球隊添購器材。

由於器材有限，所以練習時很少用縫線球，而是用打擊練習場常見的橘黃色洞洞球，俗稱為「柑仔」（橘子），常見學長用台語對學弟們說：「實力不好的不要丟紅線，去丟柑仔啦！」縫線球對我們社團隊伍來說是消耗品，只有接近比賽時練投才用縫線球，平日會盡量減少在水泥場地上的磨耗。

我大概一年會參加二至三個菜市場杯，雖然是打乙組比賽，但高中生每天有在學校固定練球還是比一般社會人強，以前參加過一支隊名叫將軍的球隊，裡面成員多是大我十五到二十歲的叔叔們，我們參加比賽要算人頭繳報名費，常常是這些長輩出錢幫我們付的。

以實力而言，高中社團球隊雖然打乙組盃賽遊刃有餘，但實在無法跟科班出身的名校相提並論，一來經費、設備落差大，二來也沒有專業師資訓練，三來比賽量遠遠不足，無法以賽代訓，技術層面的進步只能靠學長、學弟間相互討論摸索。

最開始當投手，都是想辦法讓直球能夠投進去好球帶而已，正如前面所說，我們就像黑豹旗八十強以外的那些球隊，只要能夠丟準，比賽時能投得進好球帶就值得掌聲鼓勵了，除了直球設

當時代表磐石去參加金龍旗，為了這面旗子，我還爬到了車上合影。

法練準，我的變化球也是當時擔任捕手的學長教我的。

那個時候我們沒有電腦，網路也還不普及，國內也沒有什麼教科書籍和影片可以模仿參考，學變化球就是看學長拿起來手亂轉，轉到跟直球的軌跡不一樣就對了，「總之就是亂轉，轉到球會掉為止啦！」那時候學長講：「你只要丟得進去，會鏈（轉），這樣就很欸（厲害）了！」

那個時候所謂的自學其實很Free，每天六點半到校，等七點半後不影響上學人潮進出時，我們就開始練傳接球、內野守備練習，或做基本體能，折返跑、伏地挺身、仰臥起坐，訓練很自由，當時就是有球玩就好，也沒立定志向非要打到什麼程度，所以對訓練量沒有很要求，也不用每天練，簡單來說就是打爽的。

很多人自學靠模仿，但其實我當時連「模仿」的能力都尚未具備，不可能看著電視裡的職棒選手就能學到專業技能為己所用，當時所謂的模仿大部分都是玩鬧，像我小時候是味全龍迷，有時踏上投手丘會說「我是黃文博」，然後學一下他的動作，其實都是在玩，技術面沒有達到相當水平時，只憑肉眼根本看不出所以然。到後來打到職棒層級，觀摩國外投手的動作能有心得，是因為我們已有技術和經驗作基底，再去觀察研究才能看出端倪，知道如何取他人之長補自己不足。

後來很多人問我，怎麼靠「自學」達成時速一百三十公里的球速，其實印象中我在磐石高中打到畢業，球速也只有一百一十八到一百二十公里左右，跟一般人相比算是不錯，畢竟每天都在練丟球還是會有成長；但磐石高中的「自學」經歷對我而言最重要的意義是「樂在棒球」，享受棒球帶給我最原始、單純的快樂。

真正讓我從毛毛蟲羽化、在投手道路上初窺堂奧，技術端成為一名夠格的競技者，是要感謝我高中畢業後在善化擔任助教時期碰上的貴人——鍾宇政教練。

伯樂

正式球員

在我的記憶裡，善化，是一座以棒球聞名的小鎮。以城鎮為名的善化國小、善化國中、善化高中，有很長一段時間是對手心中的夢魘代名詞。

「如果可以從這裡開啟我的『正式球員』生涯，應該是最好不過的吧！」我經常在心裡暗暗想著。

直到有一天——它成真了。

我還記得自己隻身來到善化的那天，是個悶熱的午後，按著事先做好的功課，我找到了善化高中的訓練球場。球場旁都是甘蔗田，但空氣裡布滿的並不是清甜的蔗香，而是辛辣刺鼻的豬屎味……

Chapter. 6

初遇

「哈囉！」一位教練老早在球場等著我，殷切地向我打招呼。教練名叫鍾宇政，你可以在棒球維基百科裡找到他的豐功偉業，也可以看到他在投手丘上經歷過的「噩夢」經驗。

鍾教練在選手時代是一位少年天才，他四年級接觸棒球，十七歲就越級入選中華成棒代表隊，在巴塞隆納奧運會上勇奪銀牌；但這樣資質過人的選手後來卻飽受投球失憶症的摧殘，無法擁有一個璀璨的職棒生涯。

鍾教練年輕時的歷程，我也是後來輾轉在網路上查詢得知，那時的我不知道他的過去，也完全料想不到眼前這位毫無架子的大人物，將在我未來的棒球路上成為影響深遠的貴人。

說來我與鍾教練的緣分，其實也起於磐石高中，當時學校新

金龍旗分區預賽中區預賽賽程晉級圖

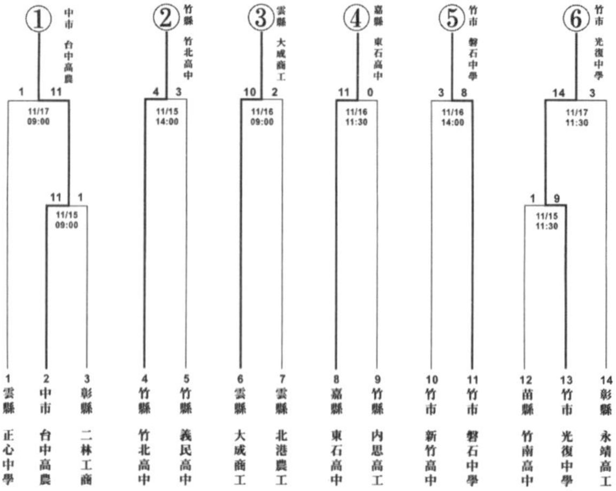

來一位跆拳道體育老師，他負責帶我們球隊去高雄參加金龍旗比賽，但他自認對棒球比賽的節奏掌握不好，所以邀請自己在台南當棒球教練的同學來幫忙照看，這位同學就是鍾宇政教練。在高中畢業前這位體育老師偶然得知我有意靠棒球升學，便引薦我去善化當鍾教練的助教，一邊磨練技術，一邊等待機會。

「裝備都有嗎？」

「有！」

「那——衣服換好就出去和大家做操吧！」

才第一次見面，鍾教練就完全沒把我當外人看，自己也在還沒熟悉環境的情況下，就開始準備參與球隊練球。

第六屆金龍旗青棒賽全國決賽　BASEBALL

新竹市　磐石中學

組隊近十年曾參加多次金龍棒球賽及全國高中棒球聯賽，八十八學年度打進全國高中棒球賽全國區資格賽。

37

當年度金龍旗的對戰表。（右頁）

當年磐石的隊伍名單，那一屆除了我，其他學校還有很多如今在職棒發光發熱的球星。（左頁）

那是我自認成為「正式球員」的第一天！

我即將陪訓的隊友們，是當屆（二〇〇一年）ＪＢＬ世界盃青少棒錦標賽的中華隊國手們！這支代表隊後來出了不少好手，業餘成棒圈有陳瑞慕、黃佳瑋，職棒名將則有羅嘉仁和當時還姓羅的高國輝。

雖然年紀大上他們幾歲，但我記得當時我簡直就是個「迷弟」。除了欽佩這群身手矯健的小國手們，還對他們可以身穿印有「Chinese Taipei」字樣的訓練衣投以羨慕的眼光。

除了安排青少棒國手學弟的起居、上課和訓練排程，額外的時間我就接受鍾教練傳授科班棒球的訓練方式，從體能、重量、投球練習等訓練菜單，比方說今天練擲遠，就是丟球能丟多遠就丟多遠；或練短距離三十公尺投擲，丟三十至四十顆，或練習全力投球、墊步投球等等；當時年紀輕，也才剛接觸正規棒球訓練，對於這些項目似懂非懂，但在那個年紀就是教練教什麼我就全心全意跟著練，鍾教練一方面要帶隊，還要額外花時間陪我傳接球熱身、作基本牛棚練習，他從我投球的細部動作調整指導，定點跨步、不抬腿、站姿投球，還有變化球……等等，耗費教職外的寶貴時間，就這樣陪我特訓了八個月。

我球速的顯著提升主要就是在這個階段，那時善化沒有測速槍，短時間內我也不確定提升了多少，但以擲遠能力而論，剛到善化時我全力丟球只能丟六十五至七十公尺，在八個月後我可以丟到八十五以上甚至九十公尺！雖然沒有測速槍佐證，但從客觀數據前後對照也可以明確感受到球速的提升。

鍾教練的指導讓我初窺專業投手的門徑，除了持續以重訓提升力量，也透過投球各階段的調整，達成投手機制的改善和穩定。從拿球方式、正確啟動到出手微調，綜合上述過程，累積每次出手時的身體記憶，進而建立穩定的投球機制，提升我作為一位投手的基礎實力。

主觀方面，在投球出手後，我能確實感受到自己的球質和高中時期明顯不同，而且是往好的方向改變（球更有尾勁，進壘比較會跑），鍾教練幫我接捕的過程也不斷給我意見反饋，例如這球出手的感覺如何、力量如何微調、如何增加球的轉速才能加強球質改變……等等。透過訓練過程，我感覺到自己是向上進步的，而且不只感覺，從實戰中也有獲得驗證。

剛到善化的時候，對上國中好手如黃佳瑋、買家瑞、陳瑞慕，即使全力投球，我也只是他們的人肉發球機；接受鍾教練調教八個月後，我的球在實戰中終於可以解決他們，這是最實質的進步例證。

過去快樂的自學棒球只能讓我做到「訓練投準，球略有變化，能進好球帶就好」的階段，但這種等級的球碰到科班好手根本不堪一擊。因應我隔年要以棒球術科重考，鍾教練煞費苦心，讓我在短時間內成為一個比較像樣的選手，也終於有了作為棒球重考生應試的自信和實力。

由衷的感激鍾教練，儘管善化只是我與他結緣的起點。

再堅持

最老的學弟

八月的南部，只要太陽還不肯回家，你總是能感受到祂滿滿的熱情。

我會來到善化，原本只是想以陪練員的身份好好向科班球隊取經，然後準備隔年的大學重考，希望可以考上心中理想的「棒球」學校。但當時善化國中的校長，得知有我這號人物後，希望我發揮大哥哥的角色協助照顧小球員們的生活起居，便決定聘請完全沒有科班底子的我擔任「棒球隊助教」，每個月給我一些生活津貼。這對當時的我真的是又驚又喜，相當感激校長對我的照顧！

國中球員的訓練作息，基本上配合學校上課時間練五休二，除非來到比賽期才會六、日也需要練球。周一至周五早上小球員

Chapter. 7

堅持

們需要到校上課，所以身為「助教」的我，得每天早上將住宿的小球員們從被窩挖起，然後趕去上課。雖說是「助教」，但鍾教練明白我來球隊的意圖就是想當個「陪練員」好好練球，所以沒有給賦予我太多繁重的帶隊責任，還為我量身訂製專屬訓練課表，利用球員們到校上課後的上午時間指導我技術、體能和重量。鍾教練從我自由腳抬起開始到棒球離手前，每個動作細節都為我重新校正，也教我很多動作序列和用身體感受的知識，完全顛覆我在社團時自學（胡搞）的理解！

說到這，我想起一些很有趣的事！

小球員們都稱呼我一聲「學長」，但我心裡始終覺得其實自己比較像個「學弟」；至少論球齡來說，他們真的比我「資深」！

來到善化前，我最多就是玩玩社團棒球，然後參加各縣市為社團球隊舉辦的「菜市仔盃」。對社團球隊來說，只知道「球來就打」，上壘了就盜壘，完全沒有戰術涵養，更別談去記什麼複雜的守備補位；所以來到善化後，我的耳際開始充斥著各式各樣的「外星語言」——棒球術語。

那是一系列詞源為英語音譯的日式英語，比方說捕手面罩，念作「媽斯庫」（源自英語「面具」的單字Mask，再用日式發音轉化）、選手穿的長統吊襪念作「史塔欽」（源自英語「長襪」的單字Stockings，再用日式發音轉化）。這些都還算好理解，但棒球手套念作「密斗」顯然與英語「手套」的單字Glove不同；捕手護具念作「布瑞德ㄎㄟ搭」、守備練習念作「漏古（Logu）」，這些不知道語出何處的棒球術語，當時真的讓我聽了滿頭霧水。

另外，球迷在轉播中常會聽到的「慢斗」，是源自英語「反彈」（Bound）這個單字的日式發音，所以「彎慢斗」就是「一個彈跳」的意思，但讓我混淆的是「彈跳」和「觸擊」的日式發音都叫「慢斗」，如何區分，也讓我丈二金剛摸不著頭腦。

台灣的棒球術語光是「語法」就很複雜，因為深受美日棒球的薰陶，再融入我們自身的語言文化，使得台灣的棒球術語是由日語、日式英語和台語共同構成。好不容易背起每個「單字」之後，還要再花一番功夫去背熟單字代表的意義。但為了拉近我和小球員們之間的距離，以及讓我自己看起來更像一位球員，我總是假裝自己聽得懂（笑）。

秘密

在一次偶然的機會，我親眼見證到善化三級棒球如何成為列強夢魘的秘密。

當我在宿舍陪小球員們吃飯時，他們時不時都會提到一個「名字」，然後開始講述跟那個「名字」有關的恐怖傳說。也許他們當下說來輕鬆，略帶嬉鬧，但我隱約可以嗅到那個「名字」的主人在他們心中留下的陰影。

沒有親身經歷過，實在很難想像那是一種怎樣的威壓感。

直到某一場比賽。

我坐在本壘後方的紀錄室裡目睹了恐怖降臨⋯⋯

那是一場少棒比賽。有位小小球員漏接從外野回傳內野的轉傳球，馬上就有道宛如雷鳴的咒罵聲，幾乎「同時」從休息區裡轟傳而出。我看見小小球員面有難色，即使心裡百般不願，身體仍像被下蠱般地走向雷區，接著，恐怖傳說真實上演。

球棒尾端揮向不應該去的地方，本是用來照顧球員的大手，也拍向可以擊碎心靈的位置。

「小學生而已不是嗎？」

「他們做錯了什麼不可原諒的事嗎？」

我心裡百感交集，卻又無能為力，或者說，我根本嚇傻了。

揮空，打！

傳歪，打！

漏接；打！

沒補位；打！

原來，只要參賽就會拿回獎盃的常勝勁旅，是這樣「打」造出來的；而那份「最佳教練」的殊榮，表揚的是這樣的教育。

「我該慶幸沒有從小就加入傳統球隊嗎？」當晚回到宿舍之後我輾轉難眠。「是不是明年考不上甲組學校後，就包一包結束我的棒球夢呢？」揮之不去的恐怖場景幾乎淹沒我對棒球的純真想像。

我真的花了很多日子才修復「打在他身、痛在我心」的心理創傷。那天之後，每當想起小球員們吃飯時以嘻笑的方式「回憶」這段歷程，常會濕潤我的眼眶。

但撇開「這件事」，來到善化的我，透過鍾教練認識了不一樣的棒球，也被一群年紀比我還小的「學長們」教會如何玩專業的棒球；這段寶貴的經歷，仍然提升了我對棒球的依戀。

轉眼到善化「取經」已經八個月過去，各大專院校體育獨立招生考試的腳步也愈來愈近。這意味著我向大家道別的日子也快到了。離別前夕，「學長們」各自用自己的方式傳達對我的鼓勵，校長、教練、學校老師也獻上最深的祝福，讓我銘感於心。

在台南善化「名為師、實為徒」的短短數月，是我重要的棒球轉捩點。「畢業」至今近二十年，我依舊感謝那時供給我養分的每一個人，讓我從素人擠身為「正式球員」。

放逐東岸　柳暗花明

我的媽媽出身花蓮，但從小在西台灣長大的我，從沒想過有一天我會翻越中央山脈來到媽媽的家鄉生活。

記憶中，有好多位神一樣的棒球前輩出自花蓮。而我會來到這片樂土的主要原因，是自己在大專體育獨立招生報考的國立體育運動大學、台灣體育運動大學和輔仁大學都接連落榜，也被許多中半段等級以後的球隊拒之門外，對於一心想挑戰甲組成棒的我，位在花蓮的大漢技術學院成為我唯一的選擇——也是最後的機會。

為什麼這麼堅持要讀隸屬甲組成棒層級的大學呢？因為我想挑戰職棒！除了相信自己的直覺，過去職棒的歷史經驗也指出，要想進軍職業，非得有個甲組資歷不可！

我去大漢技術學院之前，就已經知道某些科系已開二次招生，這代表我幾乎只要完成報名程序就能以一般生身分順利入學。不過一心只想「主修」棒球的我，得知還有一種一舉兩得的選項，就是進修部！這可以讓我白天時全心全意投入訓練，晚上再去教室上課，完全沒有因為修課擱置練習的問題，擬定策略後，我也就朝此方向進行了！

我帶著滿滿的企圖心，匆匆來到花蓮，壓抑年輕好玩、想一訪後山仙境之美的欲望，立刻前往學校打理入學事宜，隔天立即向球隊報到投入訓練。

「各位學長大家好。我叫官大元，畢業於新竹磐石高中。來到這之前，在善化國中擔任助教，守備位置投手，請多多指教。」

本來我已經做好心理準備迎接語帶諷刺的提問，出乎意料的是這次完全沒有任何嘲諷的聲音……不曉得是大家懶得多問？還是願意來到這裡報到的新生都是寶？總之我「很不習慣」。

各自自我介紹完畢後，大家開始聊著為何會來到這裡。

「我考了好多間都沒上啊！」

「有備取，但備不到。」

「我本來就花蓮人，不想離家太遠。」

「我除了打球以外，也不知道要幹嘛。」

「聽說這裡比較有機會下場。」

……大夥此起彼落的聊著此前的報考經歷。

乍聽之下，好像分享的內容有點兩光兩光，不太像熱血漫畫那樣具備身為甲組球隊的驕傲，也沒有學長出來灑狗血的帶頭吶喊「要打進前X強」。但這樣「真誠」的互動反倒是舒緩了我原本有點糾結的心，特別是當我知道有隊友也是報名進修部學程，想在白天專科研習「好好主修棒球」的算盤和我一模一樣時，不禁令我嘴角失守。

決心，不是說說而已

在實現目標的道路上，有想法一致、目標一致、努力一致的同儕真的很幸福。

因為理念、背景相近，很快我就認識了志同道合的朋友。雖然說起來有點傻，但我們都妄想著要打敗國手資歷豐富的其他大專棒球員，取得報考體育（棒球）替代役的門票。

會視棒球替代役為目標，主因是如果想在職棒選秀會上脫穎而出，獲得球團指名，一般來說要有顯赫的國手資歷或成為業餘、大學隊人人皆知的明星球員（當時的我完全沾不上邊）；否則，最有機會的門路就是報考棒球替代役，進入國訓隊一途。國內職棒球探大約是在二〇一〇年之後各隊才陸續重視與落實建制，所以當時各球團評估球員水準的方式多以口耳相傳、相互打聽等方式。就我所知，「國訓選手」在當時就是在各球團的討論範圍內，還有一個最關鍵的優勢是，棒球替代役選手可以透過「代訓球員選秀會」進入職棒球隊培訓，各球團在代訓選秀會上遴選的替代役選手，不但可以接受職業球隊的二軍訓練，還能「近水樓台先得月」，就近接受球團和教練團考察，身手獲得肯定的機會遠比一般球員更高；況且代訓選秀會具備正式選秀性質，退伍後不必再參加一般新人選秀，如果雙方同意就可以直接簽約展開職棒生涯！綜合上述優勢——考進國訓——就成為我和幾名也想拚職棒的隊友們當時極力爭取的目標。

雖然這個目標對當時的我們來說有點高，但我們不曾嘲笑彼此，反而都互相激勵。我們每天同進同出，早上就進行前一晚共同討論的訓練計劃，每份訓練的目的、目標我們都相當清楚；下午接著團隊練習，彼此扶持、提醒，一起為我們的夢想邁進。

除了和隊友間深厚的革命情感，回首花蓮生活的點點滴滴，還有件令我難忘的回憶——暑期訓練。大漢的暑假練習時間從太陽點亮大地算起，直到太陽收工回家，防曬乳塗了兩三層還是難抵逼人的烈焰驕陽，回到宿舍之後淋浴間總會有此起彼落的尖叫聲，哀悼當天曬傷的肌膚和隨著清水滑落的死皮。

除此之外，教練都會在每日訓練結束前送上「下午茶」，不管你吃不吃得下，「豐富」的菜色讓選手們總是又恨又恨（是的！完全沒有「愛」），究竟是什麼「料理」讓食量大如牛的棒球選手們如此想吐呢？

當然就是「體能全餐」……

投手基本上每天至少五千公尺長跑。也許單看數字會覺得還好，但是我們可是已經累積了整整一天的疲勞，還要消化教練奉上五千公尺里程的熱情招待。除了意志力以外，我想不到自己體內還有其他可以支撐下去的力量。

可是，努力不是白費的！

在幾次棒協舉辦的短期盃賽中，我都有機會擠進投手個人獎項排名中；其中，又屬雙敗淘汰的賽制最容易，只要有出賽無失分，就能進入排名。不過也可能因為球隊提前淘汰，導致我的投球局數不比其他順利晉級的他隊投手，最終被排除在競爭名單外。雖然拿個人獎不是我最在意的事，但是自己竭盡所能的好表現卻接連幾次與成棒獎項擦身而過，難免令人感到惋惜。但這還不算煎熬，最讓我有苦難言的是，國訓應試資格的其中一項條件：「報考球員所屬團隊，得在一年中的成棒三大賽事取得『前兩名』成績」。

棒球是項「個別」球員輪番上陣的「團體」運動。

這意味著，團隊也許有機會靠一名選手的「亮相」時刻宰制比賽，但當他退場之後，又得倚靠其他隊友的表現來維繫最終的勝利。我和幾位想拚國訓的隊友真的是在「亮相」時刻竭盡所能，但終究不敵團隊戰力偏弱、跨不進決賽圈的現實。

有時候我不禁會羨慕起個人項目的運動員，自己的表現可以完全決定戰局；但是「棒球」終究是我最愛的運動，我還是希望自己可以盡可能地幫助球隊進步，並靜待棒球之神的垂憐。

沒有退路

棒球之神也許有聽到我的禱告，只不過祂用讓我有點意外的方式開啟一扇窗。

二年級下學期，某天周德賢教練找我，他說我的拚勁和帶給球隊的幫助他都看在眼裡，為了幫助我實現目標，他願意「成全」。言下之意是教練提議我——「要不要到更具競爭力的學校拼看看？」

我從來沒想過可用「離開團隊」的方式「成全自己」，但周教練以教育者的視野在那次對話中教會我許多事。他並不是鼓吹我要棄團隊於不顧，而是他知道我已竭盡所能，所以他想用「身教」的方式，教導我「成人之美」的智慧。於是，當天和教練聊完、球隊練完球後我立刻飛奔離開，希望趕在學校職員下班前到電腦教室找我需要準備的資料。

奔跑的過程我腦海閃過很多念頭：

我要考哪一間？

哪間學校有我的空間？

哪間學校有機會勾到國訓考試門檻？

沒考上怎麼辦？

我還有臉回大漢嗎？

媽會怎麼想？

一想到我媽，我忽然慢下自己的腳步……。

我沒忘記媽媽允諾我打棒球所開出的「基本」條件——取得大學文憑——這也是我認為應該要為自己的選擇負起的責任；但打職棒的夢想堅持至今，我真覺得自己已經一步步靠近了，即使接下來的對話可能把我逼上沒有退路的懸崖，我也得設法說服媽媽支持我現在的決定。

於是在前往電腦教室前，我先轉向電話亭打了通電話給媽媽，跟她說了今天發生的事。我跟她說，若我轉學考沒考上，我想直接申請入營服自願役。一來解決兵役問題；二來解決沒有大學學歷出社會找不到工作的疑慮，因為自願役只要高中畢業即可，也許我還可以在軍中透過一些鼓勵辦法補修學分取得大學同等文憑，解除了媽媽的憂慮以後，最後她答應了。

現在回想起來，連我都不太確定自己是否真的有「沒考上就去當兵」的骨氣，更何況當時電話那頭的媽媽到底相信多少？但至少這次我們沒有對立和數落，只有共同分析利弊，重考能兼顧棒球夢和大學文憑的需求；就算沒考到，至少我也有下一個備案。我只記得媽媽的反應很淡定，對我的規劃應該是感到放心，而對我來說，和她達成協議後我的心也較為安定，前路彷彿也清晰了許多。

我很認真準備轉學考。

畢竟在棒球路上繞了幾圈，我確實比別人多花了更多時間，高中畢業以後，在善化當助教磨練近一年、在大漢念了兩年以後才要重考其他大學，即使錄取就學後也得從大一讀起，跟我同屆的選手應屆的話都已經要升上大四了。

幾經權衡，我後來報考了嘉義大學，嘉大的棒球隊獨立招生是從六十餘位考生中錄取十二個，不考學科、純以術科（棒球實力）決勝負。這一次我沒有退路，但我有信心；在大漢的兩年間，歷經協會盃全國成棒賽、甲組春季聯賽、大專棒球聯賽等大賽磨練，我的球速成長到一百三十六公里，已經不再是高中畢業時那個缺乏實力和經驗的小考生了。在身心面都準備充足的情況下，應試當天，我也毫無保留。

這段期間真正煎熬的不是備考，而是等待放榜的日子，每天都讓「要嘛收球具轉戰陣營、要嘛收行李投身軍旅」的念頭搞得暈頭轉向。

幸好，我——成——功——了！

確定考上之後，我回到宿舍收拾行李，也珍而重之地收下教練與隊友們的祝福。兩年多的行李不算少，但扛在肩上我並不覺得重，因為我知道，有很多人替我「撐著」。我站在花蓮火車站前，回憶自己兩年前剛踏上此地時的身影：同是滿懷決心的青年，兩年後的我，增添了更多篤定。

這一次，我不再匆忙，我慢下腳步，步入月台、走進車廂。行駛的列車隨著鐵軌接縫吭噠吭噠響著，而我也跟著規律的節奏想著：「花蓮真的很美，而我在這裡遇到的人、事、物也是如此單純。會讓我不捨的，是這片土地的純真和那群一起共患難的夥伴。」

謝謝大漢；謝謝花蓮。

我的下一站，是台灣棒球史上極富盛名的強權——過去的嘉義農林學校，如今的「國立嘉義大學」。

如雲

關關難過

到目前為止，我的棒球路雖然起步晚、過程顛簸，不過整體來說還算是「關關難過，關關過」。為了讓自己更靠近取得報考國訓棒球隊的資格，費了一番功夫後我如願考進嘉義大學棒球隊。

我的母校嘉義大學，是二〇〇〇年由嘉義師範學院和嘉義技術學院合併而成，嘉義技術學院的前身就是電影《KANO》裡拿下一九三一年夏季甲子園亞軍、有著「天下嘉農」美名的嘉義農林學校。八十年來學校不斷遷址、改制，但是剛毅堅強的棒球隊精神依然傳承至今。

終能晉身強者之林，我難掩興奮之情。但同時我也有認知，擠進實力A段班的球隊，不等於「免費」拿到國訓隊考試入場券。

Chapter. 8

高手

全新的考驗正等待著我。

國訓隊的其中一項應試要點是「報考球員所屬團隊，得在一年中的成棒三大賽事取得『前兩名』成績」，在此補充一下，成棒三大賽事指的是甲組成棒春季聯賽、協會盃棒球賽、大專甲組棒球聯賽。若是國家代表隊常客，自然能靠入選中華隊，參加國際賽來取得國訓甄選資格；如果無緣國手，要想進入國訓隊就得靠成棒三大賽事的團隊成績來獲取考試機會了。

這一點，在嘉義大學相對比在大漢更可能率先達陣；但還有一項細則是——三大賽事的秩序冊上，必須要有該報考球員的名字。客觀來說，這規則相當合理，八成是避免「搭順風車」的選手一多，拉長國訓面試作業和降低國訓隊的整體實力。但就我個人主觀而言，這意味著我費盡洪荒之力考進嘉大後，完全沒有喘息和鬆懈的時間，就得再次榨乾自己，才能取得球隊參加三大賽

在嘉義大學的日子，非常感謝有鍾教練願意花時間培養我。

事時的報名機會。

於是我在抵達嘉大之後，每當球隊當天排有牛棚練習的課表時，我都會刻意讓自己是最後一位進牛棚的投手，因為我的投球時間特別長、因為我想把握每一次練習機會、因為我希望藉此迎頭趕上報名列車。或許，「報名」對很多人來說並不困難、也不在意，甚至是「一覺醒來」就會自然發生的事；可是我相當有自知之明，我知道自己當時的能力並不在篤定參賽的安全名單內，所以需要更多的練習時間、投球數量爭取每一次進步的機會。我常常丟到野手已經結束所有練習準備收工撿球，或者接球的捕手已經「身心俱疲」，直到教練在遠處喊：「官大元！！你不要再丟啦！！你不累捕手都快吐啦！！」我才願意收手。

我相信自己的拚勁有感動到教練，但並不足以總是蓋過他理性的戰力考量，所以很不幸的，在我大二（按正常學齡我已經是「大五」的年紀）那年的協會盃，嘉大順利拿下第二名，但我的名字，並沒有出現在秩序冊裡。

「我沒有在報名名單裡。」

「我沒有在報名名單裡。」

「我沒有在報名名單裡。」

「我沒有在報名名單裡。」

「我沒有在報名名單裡。」

全隊沉浸在獲得佳績的喜悅時刻我也與有榮焉，但內心終究悵然若失。我一直想像著全隊接下來的慶功宴，會有二十五位球員拿著國訓棒球隊考試入場券開心的手舞足蹈著（雖然我不是很確定是不是每個人都想去國訓），然後，他們會搭上學校為他們準備的應試巴士向車外的我揮手道別。

這一刻腦海的畫面，除了沒被報名和球隊闖進冠亞軍賽是真的，其他全是我的幻想——和我的國訓夢一樣虛幻。

認清現實

賽場現實又殘酷，想要僥倖生存不是完全不行，但絕對不是我想要的樣子。

雖然錯過這次天大良機我很難過，但認真想想來到嘉大後，自己始終在「被報名」與「沒被報名」中徘徊。我開始意識到，這就是高層級棒球的日常，除了要應對賽場上虎視眈眈的強敵，還得在隊內好手環伺的良性競爭下脫穎而出；光是要登錄在出賽名單，就得把握每一次隊內比賽或教練檢視的表現機會。而且，最煎熬的還不是過五關斬六將的競爭過程，而是面對天差地別的實力差距……

我經常在牛棚區等候練習時，看著一出手球速就輕鬆逼近一百五十公里的隊友，再想起他顯赫的國手資歷；不禁讓我回顧自身相當滑稽的「球員生涯」，然後心中升起「你這個死跑龍套的」這句周星馳電影經典名言嘲諷自己。

是啊！我就像個「跑龍套」的喜劇之王。總是有自信（自我感覺良好）的稱自己是「演員」，但演技又只有三分樣，終究不是無可取代的要角。每次大賽時嘉大全隊有五十個人要爭取進入二十五人名單，而我當時的實力尚不足以主宰比賽，教練遴選名單時，我總是只能在二十五至二十六人的序次徘徊。

我到底憑什麼妄想自己能取代那些有紮實訓練基礎的科班出身專業人才呢？

棒球路起步較晚的我，一直在跟時間賽跑，而國訓隊考試從下次春季聯賽成績揭曉的六月，到隔年三月的國訓考試，中間就需耗時九個月，而且還未必能夠順利錄取；權衡利弊後，我認為大二的協會盃已是我拚國訓夢的最後時機點；在希望落空後，我最終決定埋葬國訓夢，認清現實的辦理休學程序，等接到兵單後去當一般大頭兵，退伍以後再循測試會途徑挑戰職棒。

而此時命運幽默地開了我一個玩笑。

當我決心休學並已在跑相關流程時，二〇〇七年甲組成棒春季聯賽報名與否的天秤，這回傾向了「帶大元去」的那一端，而且這一回我們嘉義大學的成績還不只是前兩名，而是直接奪得冠軍！！

太扯了！！

這是什麼神劇本！！

哪個編劇寫的？？

瞎的不是嘉大拿冠軍！！

而是就在這時候「那個死跑龍套的」已經準備要入伍了……

我是誰？我在幹嘛？

一年過後，我兌現了自己的承諾，完成了台灣男人應盡的國民義務，服完兵役，我又回到嘉義大學。

退伍後復學那年，隊上有位「大哥」準備升上三年級，這位小我五歲的「大哥」在我去當兵的這一年內，已經躍升為球隊的王牌投手。不過他最好的朋友顯然不是「練球」而是「周公」，經常在全隊已集合完畢準備開始訓練時，他仍在宿舍床上忘情地與周公打交道。令我折服的是，他可以這樣整整一個多禮拜睡到渾然忘我，來到球場上依舊展現王牌身手……

這位與周公交情甚篤的「大哥」，很讓教練團感到頭痛。姑且不論他已逾越團隊規範的紅線，造成不少隊友抱怨教練在管理上的不公；迫於他的球技真能左右球隊勝負，教練還是希望他能好好來練球維持應有水準，就在教練絞盡腦汁思考到底有什麼良方可以治他時——

「官大元！你來一下！」

教練想起當「大哥」清醒時，他在球隊裡最好的朋友就是我，也只有我的話他會比較願意聽。

「大元，欸——這樣說有點不好意思，不過教練想麻煩你一項工作……」

「什麼事？」看著教練有口難言，我主動湊近耳朵聽他說。

「你吼，你能不能負責每天叫『大哥』起床，然後載他來練球……」

「蛤！有沒有搞錯？！」我心裡滿是驚歎！當了一年兵回來，我現在除了原先跑龍套的角色，還當起了學弟的「司機」……

就這樣，從那天起，我經常得向周公要人，然後幫球隊運送睡眼惺忪的王牌到球場練球。

也許是凡事為球隊盡一份心力的付出，讓總教練鍾宇政老師點滴在心頭（沒錯！就是我的貴人鍾教練，在善化結緣以後，我與他在嘉義大學時期又再度重逢），後來我得到幾次與職棒球隊練球的機會，鍾教練也都從善如流讓我去見見世面。除此之外，知道我志在職棒，鍾教練也動用自己的人脈，默默幫我打電話向興農牛投石問路。

二〇〇八年某一天，鍾教練叫住正要去練球的我說：「我有幫你打給興農，你幾天後就去測試，然後，你搭車去，下車後有人會接你。」聽聞之後我還真有股想要激吻鍾教練的衝動，好表達我的興奮之情和謝謝教練的相挺。

過了幾天，我按鍾教練交代的前去台中參加興農牛的私下測試。上了接應的車子後，前輩在車上詢問我的棒球資歷、會丟什麼球種、球速多快之類的問題。我沒有太多加油添醋，就是十分「誠實」地告訴他我能做的事。報告完畢後，先是迎來一陣靜默，接著前輩只是淡淡的說道：「這樣啊……」

車窗外街道的繁忙喧囂，稍稍掩蓋了我倆對話的尷尬。

終於到了興農牛大本營——興農山莊。前輩下車後馬上打了電話給當時一軍的投手教練劉義傳，請他前來牛棚看看「一位嘉大的投手」。接著我只聽到他還說到：「聽說他年底要選秀啦……」然後前輩刻意壓低音量、邊走到離我有點距離的位置和電話那頭的劉教練繼續私語，好似怕我聽到內容會大受打擊。

不久後，劉義傳教練相當熱情地出現在我面前，簡單寒暄幾句後就讓我去熱熱身，準備站上興農山莊的投手丘投球。老實說，當下的我、劉教練和接應我的前輩可能都不是那麼確定「我們到底在幹嘛」，測試結束後我自己也知道結果不怎麼樣，於是雙方草草收尾，結束這次尷尬又突兀的測試。

回程一樣是那位前輩載我去搭車，這回他不再那麼尷尬，反而相當熱情地向我分享他現在的身份和工作內容，他告訴我如果「愛棒球」的話，其實「不一定要打球」；畢竟職業選手生涯短暫，如果可以盡早出社會學些東西，再找機會從事與棒球相關的工作，對往後的人生會很有幫助。

我知道前輩的善意（也明白我已經被興農委婉地拒絕了），但這些「忠言」對當時一心想挑戰職棒的我，真的格外逆耳。下了車以後，我仍舊非常感謝前輩一日的接待和建議，但我心裡所下定的決心，恐怕要讓前輩的好意做白工了。

告別了前輩後，我獨自仰望著台中車站後頭那片黃褐色的向晚天空。

「我，就是要打職棒！」我篤定地對自己說。

鎩羽而歸

雖然起步比人家慢，但是不跑永遠都不會到終點。

逐夢道路上，我一直對自己這麼說。

儘管繞了很多圈，但職棒窄門的曙光似乎已在我觸手可及的地方。

中華職棒選秀報名的基本門檻，必須曾經有甲組選手的資歷，已經符合資格的我，在二〇〇八年底準備好就讀學校證明和參賽證明等相關書面資料，寄出完成了選秀報名。

接下來，就是等待聯盟測試會的時間通知。

測試會，顧名思義就是要讓各球團測試看看你是不是職棒那塊料。

如果是旅外海歸的球星、業餘成棒的大物，或已在替代役選秀雀屏中選的國訓好手們一般不會出現在這個場合。他們的實力早已廣為業界所知，不需要透過測試會「驗貨」；職棒測試會說好聽點是「砂礫中撈珍珠」的地方，但說的直白點，出現在這裡的球員在球團眼中就是過去打不出名堂的選手，這是一個「姑且一看」的海選舞台。

二〇〇八年的測試會，大概有四十人參與，我印象很深刻，當時興農牛隊的徐生明總教練就坐在本壘後方看著我們投球，我是那一屆唯一通過聯盟測試的投手，還投出生涯新高的一百四十四公里球速。

但在選秀會當天，二〇〇八年測試會的徵選者全數落選，看過新人選秀和特別選秀會的球員名單後，就不難理解測試會上的選手為何會乏人問津。

新人選秀會中的旅外球星有曹錦輝、耿伯軒，業餘大物有林泓育、王溢正、林克謙、王鏡銘，無論是星光度還是潛力值都爆表；特別選秀會名單更是鯨龍兩隊去蕪存菁後的菁英匯聚，林英傑、謝佳賢、倪福德、沈鈺傑、周思齊、詹智堯、曾兆豪、張志豪……無一不是先後在職棒舞

中華職棒昨舉行新人測試會，兄弟象朱鴻森（左）的弟弟朱鴻沅（右）獲得與會教練推薦，將參加12月底的新人選秀。（資料照，記者黃忠榮攝）

新人測試 朱鴻森胞弟入選

〔記者黃忠榮／台北報導〕中華職棒聯盟昨天舉辦新人測試會，共有27人參加，其中官大元、朱鴻沅等6人獲得推薦，將參加12月底選秀會，而朱鴻沅是兄弟象內野手朱鴻森的弟弟，中職可能要再增加一對兄弟檔。

中職兄弟檔不少，包括兄弟象陳致遠與暴龍（已解散）陳致鵬、統一獅陳連宏與La new熊陳金鋒、中信鯨（已解散）郭岱詠、統一獅郭岱琦、兄弟象陳瑞昌、陳瑞振等，日前兄弟秋訓，朱鴻沅也隨隊練球，爭取加入中職機會。

新人測試會於高雄澄清湖棒球場舉行，經過投、打、跑以及守備等項目測試；4球團代表包含興農牛徐生明總教練、La new熊教練團、統一獅吳俊良教練、張聲鏞教練以及兄弟象許閔嵐教練。

過去曾參加過測試會一圓職棒夢的包括兄弟象朱鴻森、廖于誠以及La new熊郭建宏等，郭建宏昨天也到場觀看測試會，回想起自己兩年前在龍潭參加測試，當時更加緊張，他勉勵學弟們能有好表現，獲得圓夢機會。

投手官大元 球速144

投手方面，來自嘉義大學的官大元為全場唯一投出140公里以上球速的投手，最快144公里；打擊測試，台北體院畢業的楊竣凱共擊出4支全壘打。

台電隊林進偉今年在業餘交流賽中，曾有連六打席安打紀錄，都受到教練團注意。

中職測試
6新人獲推薦選秀

中華職棒昨日在澄清湖球場舉行新人選拔會測試會，共有29名選手參加，經過投、打、跑以及守備等約兩小時檢測，4隊教練團推薦6位參加12月底舉辦的選秀會。

中華職棒新人選秀推薦名單

姓名	出生日／年齡	身高／體重	守備位置／投打
官大元	1983.9.9	175	投手
	25	69	右/右
★推薦原因：最快球速144公里，新人測試會中唯一球速超過144公里的投手			
朱鴻沅	1980.6.1	175	內野手
	28	85	右/右
★推薦原因：兄弟象隊練習生，未來很有潛力			
王泓凱	1983.11.25	171	內野手
	25	72	右/右
★推薦原因：兄弟象隊練習生，未來很有潛力			
鄭志翔	1983.4.4	181	外野手
	25	77	右/左右
★推薦原因：興農牛隊練習生，未來很有潛力			
楊竣凱	1985.3.29	183	外野手
	23	88	左/左
★推薦原因：打擊爆發力強，新人測試會擊出4支全壘打			
林進偉	1984.7.22	170	外野手
	24	80	左/左
★推薦原因：攻守、長傳實力受矚目，業餘比賽曾連6打席安打			

測試會剪報。

台打出實績的一方之霸。更何況，之所以舉辦特別選秀會，就是因為中信鯨和米迪亞暴龍的解散，中華職棒在當年直接少掉兩支球隊，卻湧入大量即戰力供僅存的四隊挑選，測試會選手的落馬也就是理所當然的事了。

接下來的情節就是本書開篇時的場景，二〇〇八年十二月三十一日，中華職棒選秀會名單在即將跨入新的一年之前公布，名單上，沒有官大元。正當職棒準備除舊布新、開展新局的時刻，我那顆熾熱的心彷彿慢慢沉了下去……

再出發

被職棒拒絕、二十五歲一事無成且還在啃老的成年人，萬念俱灰的獨自迎接二〇〇九年的元旦。

一月一日，把我從失落中喚醒的，仍然是我棒球路上的貴人——鍾宇政教練。新年的第一天，我接到鍾教練打來的關心電話，我向他訴說我當下的心情跟想法，鍾教練鼓勵我先回去學校完成學業，或許明年可以再拚一次選秀，更重要的是：

「接下來球隊還有比賽，球隊需要你。」

就是因為這句話，我完全醒了。

Chapter. 9

沉潛

鍾教練這句話並不全然是為了安慰情緒低落的我，也確實反應了球隊的現實狀況。從退伍前到復學後的半年間，我的球技確實以飛躍的速度在成長，從二〇〇八年的協會盃、大專盃預賽的幾次登板，我解讀比賽的能力大幅提升，也成為可以主宰球隊勝敗的王牌投手，嘉義大學成棒隊的成敗確實要仰仗我和我那位夢周公的好友共同肩負。

這些事我其實心裡有數，只是一時還陷在選秀落榜（不被需要）的低落情緒無法自拔，鍾教練在第一時間提醒我自己是被需要的，被需要的感覺是振作的原動力，開始會想做為主力投手的責任，因為自己的狀況不佳，將會影響球隊大局多深，想到這裡，我才漸漸開始重整心情。

幾天後我回到學校，來到棒球場，這片我半生追求的夢想舞台。我坐在球場旁，看著握在手上的棒球，幾天前「它」差點在我心裡死去，但現在能讓我暫時忘掉負面心情的也只剩「它」。我知道，我現在之所以在這裡，以及我所面對的所有事情，都和「它」有關。我想重新調整步伐，積極面對今天開始的挑戰；我想重新恢復自己與「它」的共同目標。看著棒球，彷彿可以聽見自己內心一道澎湃的聲音，不斷激勵我「趕快站起來啊！」

我很謝謝有這麼一位「夥伴」，陪伴我一路至今。

另類的「職業」棒球生涯

「塞翁失馬，焉知非福」，托二〇〇八年中華隊在夏季奧運會上兵敗北京的「福」，台灣的振興棒球計畫在隔年如火如荼的展開。二〇〇九年許多直轄市政府受國家體育政策指導紛紛成立「城市棒球隊」，這給了一心想靠棒球安身立命卻又不受中華職棒青睞的我一份全新的志向。

若在台灣棒球維基館上搜尋「官大元」，你會看到銜接在嘉義大學棒球隊後的資歷是新北市成棒隊（原台北縣成棒隊）。不過，其實在我報考新北市前有過一段小序曲。我最先投履歷的隊伍是「桃園航空城」，他們徵選球員的流程分為兩階段，第一階段先面試，合格之後才會通知第二階段的技術測試。面試時須備妥中華棒協辦理的甲組成棒比賽攻守記錄表、出賽記錄及最佳團體成績等備審文件，但我能提供的資料有限且不夠亮眼（畢竟我高中以前很難稱上是真正的「球員」），這不免招來一些能力質疑和揶揄。

雖然面試過程「不是很舒服」，但我仍按耐情緒給出應該令人滿意的禮貌微笑，期望可以熬過數落和書面審查過程，讓我在審查委員面前有展現技術的機會。

「不然，你做一下投球和牽制的姿勢讓我看看」審查委員突然說道。

「蛤？『幸福』真的來得這麼突然？」我心裡面想著。

於是我便起身示範空手投球和牽制。「表演」完畢後，審查委員「誠摯」的表達他對投球動作的看法，也適時給了一些「教育」，便請我回家等通知。

然後，就沒有然後了。

現在回想起來，整段面試過程就像那天面試會上為慰勞審查委員辛勞所安排的「搞笑橋段」。

再談到新北市成棒隊應試那天，與上回不同的是，新北市的資料審查相對客觀、友善，球隊要求的條件在我有限的資歷中剛好達到門檻，所以完成文件繳交不久後，我便收到測試通知。

測試會主考官是「草總」謝長亨教練。有別於上次有點滑稽的空手比劃，這一次得「真槍實彈」實際站上投手丘，並在這位有著「四大天王」美名的職棒耆宿面前把握機會展現自我。現場不能說高手如雲，但具備職棒資歷的選手眾多，許多是幾個

在新北成棒的日子，有專業的訓練，讓我不再覺得自己辦不到。（左、右頁）

月前才剛結束中華職棒生涯的好手。不過我並未受到這些前職棒選手的「光環」影響，我告訴自己，會在這次測試會中刷掉我的只有自己「退卻的心」，加上有過先前在中職測試會的經驗，我已經學會如何在眾目睽睽之下調整呼吸節奏，穩定完成每一顆球的出手。

流程上，我分別需要投十顆直球和十顆變化球。當我投完最後一球時，心裡非常滿意自己當天的表現！我知道我丟的很好，走下丘內心正為自己喝采的同時，身旁傳來一聲呼喊：「嘿！草總找你！」

當下，我有預感一定會是好消息！

「你現在還是在學生哦？」草總問。

「對。」

「嘉義大學總教練是宇政嘛？齁？」

「嘿！是！」

「那，如果錄取的話，你是要辦休學？還是怎樣？有辦法來報到上班嗎？」

「可以，學校的事我會處理好，我會再跟鍾教練說。」

「好，OK，那沒問題。」

就這樣短短的一席話後，我展開了我另類的「職業」棒球生涯。

自己

遲來的肯定

來到新北市成棒隊後，星期一到星期五是上班日，早上練球、下午就到基層學生棒球隊服務，協助基層教練輔導球員訓練。城市隊的訓練時間和大學球隊相當，訓練內容其實也大同小異，不過因為身邊有了好多具備職棒資歷的隊友，心中還是有種「升級」的感覺。除此之外，層級不一樣了，曾是職業球員的隊友和教練們所談論的棒球，對我來說某些面向頗具深度，我經常需要多花一點時間去思考才能理解、消化，但我很享受這些刺激我進化的過程！較高層次的對話內容，使我在當時學到更多比賽細節，無形中漸漸優化我的棒球內涵，讓我在技術方面和判讀場上形勢的成熟度都更上一層樓。

我十分專注在比賽與訓練中的學習，也跟著球隊開始參與一

Chapter. 10

證明

個又一個盃賽，我幾乎沒有留意自己的成績結果是如何，但實質的續航力和壓制力卻也隨著場場實戰顯著提升。直到我在二〇〇九年協會盃全國成棒大賽，對戰文化美孚巨人完投十局無失分幫助球隊拿下季軍後，我才被告知自己默默地完成十七又三分之一局無自責分的紀錄，並獲頒該屆賽事的投手獎！

我從來沒想過我在大學時期最想達到的目標，竟然是在更高層級的比賽中達成，這為我未來力拼更高層級的棒球，又增添了自信與野心。

很快地，在新北市成棒隊上班的日子八個月過去了，幾乎每天都過著一樣的生活，練球、準備盃賽、盃賽結束、練球、準備下個盃賽，周而復始循環。因為新北市體育處對於選手生涯轉銜一直都有規劃，比方說鼓勵隊員考取專任教練，若順利取得資格後便輔導轉職，所以我的隊友們不少人陸續離開。這令我偶爾會

意想不到的投手獎，似乎在告訴當時的我不要放棄追夢。

閃過一些念頭，好奇自己的棒球路是否就該依循前人的道路這樣在城市隊度過？

隨著在國內成棒大型賽事嶄露頭角，我捫心自問是否該再次立下挑戰職棒的目標？還是盡早到基層去卡位當教練？但是我還這麼年輕，基層訓練的日子會是我真正想要的嗎？善盡與家長互動溝通、肩負起基層學子的教育責任，現在的我已經準備好了嗎？我的心中滿是問號。

不過「球場上」的我，頭腦是很清楚的。

我從面試城市隊被嘲笑的「陪榜生」，步步邁向球隊的「主力」球員，靠著專注在「應該可以再做些什麼」、「應該再改進什麼」和「更精進的辦法是什麼」這些面向上，讓我每天都感覺到自己不斷進步。

就在我一面苦思未來、一面鑽研棒球學問之時，有件讓我備感欣慰的好事悄悄發生——來自中華職棒球團的邀約。

一開始接到 La new 熊隊球團的邀約電話真的非常開心！當時即將執掌一軍的蔡榮宗總教練親自來電希望我可以參加選秀，受到職業球團的注目和認可，大大安慰了那位二〇〇八年叩關選秀失利的頹喪青年，經過數月的努力，我終於達到被職棒認同的水平了！但——這次「機會」好像來得不是時候，我的心當下對職棒也不再那麼義無反顧。

也許距上次超想進職棒的日子才幾個月，但這兩、三百天內發生了不少事。我好不容易有了現在的工作，雖然未來生活模樣還未知，但至少此刻的生活相當穩定；職棒方面又因數次假球事件餘波盪漾、簽約金受制於球團營收欠佳而無法給出滿意條件等不利因素。我左思右想就是得不出讓我放棄「現在」的理由。

更何況在此之前，早有「幸福」來敲門。

在職棒致電邀約前夕，王傳家學長見我在新北市成棒隊投得有聲有色，突然問我：「大元啊！你怎麼沒有考慮去合庫？要不我來打電話幫你問問？」

在此也順便解釋一下，城市棒球隊是一年一簽的約聘制，不算非常穩定的工作，如同前面所說，常糾結在是否要繼續當選手還是早點轉職卡位當教練的選項間掙扎，相比之下，合庫和台電若能佔正式職員缺，則是可以在打球退役後繼續安穩的擔任職員做到老的鐵飯碗。

原本我以為王傳家學長只是用開玩笑的方式變相表達對我的肯定，沒想到他是認真的！

我的二〇一〇年十一月幸福不斷，電話那頭佳音頻傳。合作金庫棒球隊的許順益總教練親自來電，許總在電話那頭向我敘述公司的待遇和種種福利，及在合庫工作的穩定性，這些條件對於長年為經濟壓力所逼的我極為誘人。不過正當我聽得目眩神迷之際，「潛意識」裡那個嚮往職棒殿堂的我，在關鍵時刻突然挾持我的嘴巴回應道：

「許總，我想選秀。」

不曉得許總有沒有被我的「內角直球」嚇到，但事後我很替自己捏了一把冷汗。幸好！大器的許總只是靜靜地欣賞我投出的「好球」，他甚至為我保留寶貴的員額，鼓勵我可放心投入選秀，他說若真的沒選上，這個位置還是會為我保留。即便在我確定被兄弟象選上、許總致電恭賀我的同時，仍告訴我如果簽約金不滿意，合庫仍歡迎我的到來。

我至今仍感激許順益總教練和王傳家學長這兩位貴人的引薦和關照，讓我在一往無前挑戰職棒之際，仍能保有一條退路。而這段經歷更讓我體認到，唯有不斷充實精進自身條件，在嚴苛的現實面下才能保有更多的選擇主動權。

來到職棒

這才「象」樣嘛

二〇一〇年底的中職選秀，我像上次那樣完成報名，不同的是這一次我已經不再需要參加測試會了。

從復學嘉大的蛻變、新北成棒時的進化，各大成棒盃賽、聯賽的戰績，讓我在兩年間從一介雜魚轉變為過去選秀名單上自己所仰望的那種「成棒明星」，透過媒體報導的推波助瀾，選秀會前「業餘王牌官大元」的名號開始被職棒圈所關注。這次我也不像初次參選時那麼徬徨，因為除了自身條件的精進，我仍有合庫這條路可以做為第二方案。

在二〇一〇年投入職棒選秀前，我對於選擇職棒和合庫做過條件分析，先預設過最差的狀況是在職棒只打了三年，加上簽約

Chapter. 11

歡迎

金的總薪資收入大約七百萬，雖然在合庫可以當職員到六十五歲，總薪資收入約兩千萬，但除非職棒隊的簽約條件太差，不然以加入職棒三年內的收入爆發力，足以抵得過在合庫奮戰十年的光景，況且還能完成從小到大的職棒夢想，那就有一拚的價值！

或許算這筆帳很現實，但親眼見過家人為錢所逼、棒球路又幾經波折的我，職業抉擇不得不謀定後動，我的目標是人人眼中的夢幻職業，但最夢幻的職業往往是由最現實的環節所構成。

夢幻成真

「第四輪、第四順位，兄弟象選擇的是——官大元！」

我不需要捏自己的臉，因為快撞破胸膛的心跳已告訴我自己：

2011年中職年度選秀結果

	第1順位 統一獅	第2順位 La new熊	第3順位 興農牛	第4順位 兄弟象	第5順位 國訓
第1輪	陳鏞基(內)	郭嚴文(內)	黃智培(內)	增菘瑋(投)	--
第2輪	廖文揚(投)	鄭承浩(投)	賴鴻誠(投)	鄭錡鴻(投)	--
第3輪	王英山(投)	余德龍(內)	許文錚(投)	邱俊瑋(投)	--
第3輪	蔡萬霖(投)	王韋仁(投)	林琨笙(捕)	官大元(投)	何寬揚(投)
第4輪	黃恩賜(內)	許躍騰(捕)	陳凱倫(內)	石孝樂(投)	周昱志(投)
第6輪	傅于剛(投)	翁克堯(投)	李家駒(外)	顏嘉威(投)	蔡岳奇(投)
第7輪	方南堯(外)	吳俊逸(投)	黃劉清(投)	黃鈞聲(捕)	曹志培(捕)
第8輪	李育儒(內)	黃梓育(投)	江子健(捕)	林宇祥(投)	許爾航(內)
第9輪	陳智燿(投)	林　偉(外)	林瑋恩(內)	蔡昇峰(外)	陳弘桂(內)
第10輪	鄭展誠(內)	江俊傑(內)	徐育德(外)	徐睿擇(內)	陳侃言(內)
第11輪	王寶篁(捕)	馬仲權(外)	李金龍(投)	鄧堯中(外)	黃裕翔(外)
第12輪	黃俊欽(外)	莫生政(內)	--	李維祥(內)	莊鎮滄(投)
第13輪	--	溫元川(內)	--	黃郁倫(內)	--
第14輪	--	--	--	張榮勝(捕)	--

註：(內)指內野手、(投)指投手、(外)指外野手、(捕)指捕手
未被選入的替代役男回歸國訓隊

中華職棒近年選秀狀元及第1年球季成績

年度	選手(球隊)	守位	第一年球季成績
2004	石志偉(熊)	內野	出賽100、打擊率0.286、安打117、打點45、全壘打1
2005	許志華(熊)	投手	出賽27、防禦率4.52、局數61.2、戰績2勝1敗1救援
2006	陳金鋒(熊)	外野	出賽91、打擊率0.317、安打109、打點81、全壘打21
2007	陳江和(象)	內野	出賽63、打擊率0.299、安打47、打點26、全壘打2
2008	林益全(牛)	內野	出賽120、打擊率0.348、安打169、打點113、全壘打18
2009	林克謙(牛)	投手	出賽28、防禦率4.02、局數145.2、戰績10勝7敗
2010	林恩宇(象)	投手	出賽2、防禦率6.52、局數9.2、戰績0勝0敗
2011	陳鏞基(獅)	內野	--

第二次叩關選秀大門剪報。(上圖)
踏進夢想大門的第二次選秀。(下圖)

「這不是夢！官大元！你成功了！」

自認一輩子在棒球場上跑龍套的我，一下擠身全台擁有百萬球迷的人氣球隊——兄弟象——這可真的是夢幻成真啊！

進入職棒想當然又得重頭適應另一段新層級的考驗，但截然不同的風景真的來得又快又急。我向象隊報到的第一天，就是球隊春訓的開訓典禮。那是我初次來到兄弟名聞遐邇的春訓基地——龍潭棒球場。一大清早球隊都還沒就緒，已經有大批球迷在場邊等候。

「哇！原來這就是當職業棒球員的感覺！」我難掩興奮地想著。

興奮歸興奮，但還不習慣被關注的我，從第一天報到起，總是躲在球隊人群中，或球場角落最不起眼的位置，愈多遮蔽物、愈能減少我被人看見的地方，就是我充滿安全感的小天堂。

十八號的重量

大學時開始穿著十八號球衣，是因為見證過同時代的日籍強投松坂大輔的風采。我從在嘉義大學時期就身披十八號球衣，一路穿到新北成棒，並延續到後來的整個職棒生涯。

在獲得兄弟象指名並且完成簽約後，球團同事打電話問我：「現在空缺的號碼有這些，你想要穿幾號？」我其實內心很想要十八號，但我知道這號碼對於亞洲的職業棒球界所代表的意義——那是職棒隊王牌的背號啊！作為一個剛踏入職棒的新兵，我這樣大手大腳的自己選下去真的好嗎？

彷彿看穿我心思的球團同事好意的順水推舟，自己搶先說道：「你以前都穿十八號吧？現在這號碼剛好空著，不用傷腦筋了啦，你就穿十八號好啦！」在他好心的「助攻」下，我半推半就地收下了這個未來即將伴我征戰職棒戰場十餘年的背號了。

有天球隊練習結束，我的帽子放在某處椅子上，時任打擊教練的許閔嵐經過椅子旁便拿起我的帽子。

「這係啥郎的帽仔？」許教練用著道地的台語疑惑地問道。

「賢拜！我的！」深怕不小心佔到教練位子的我，急急忙忙跑過來認領。

「哩穿十八號喔？！」許教練看著帽簷上寫的數字說。

「嘿阿。」我有點小尷尬地回答。

「喔！安內哩很敢選吶！」許教練笑著說。

我也獻給許教練一道尷尬又不失禮貌的傻笑。

十八號當時剛好隊上沒人穿。

這背號也跟著我一段時間了。

原本沒想太多的選擇，卻在那時候有莫名的壓力湧上心頭。

誠如前面所說，十八號在深受日本野球文化影響的亞洲棒球圈裡，是個象徵「王牌投手」的背號。

在黃衫軍悠久的歷史中，穿過十八號球衣最著名的選手，一位是初次三連霸時期的尼洛（Ravelo Manzanillo）、一位是二次三連霸時期的養父鉄，這兩位在中華職棒都是赫赫有名的洋將，後者是二代象王朝的開拓者。前者曾投出無安打比賽，還是「尼洛條款」一詞的主角。

當時的我絕對無法想像，我後來會以十八號傳承者的身份超越尼洛的連續無自責失分局數，也不會想到自己會身披這個背號一路奮戰到成為兄弟隊史第一位登板超過四百場比賽的投手。

當年對一個還沒有實際成績、又缺乏顯赫國手資歷的菜鳥投手而言，這背號在一開始真的像副枷鎖。

特別是開季後我丟出一場又一場難堪的比賽後，這個背號看起來對我似乎更顯得過於巨大。

我的中華職棒生涯初登板在屏東球場，當天的對手是統一獅隊。季前我一直為這一刻做足所有準備，也很期待它趕快到來，因為我知道自己就要實現從小到大的夢想——以職業選手身分在職棒投手丘投球！

我的生涯首名對戰打者就是鼎鼎大名的——「森林王子」張泰山！我在投手丘上簡直看得出神，心想：「哇！我現在要對決的可是從小在電視機裡看到的明星球員耶！」

對於一位童年是味全龍迷的菜鳥而言，能跟過去只在職棒轉播中看到的大明星對決確實是很夢幻，好像重回侏儸紀，看到只存在書籍的霸王龍出現在眼前一般。幾年前吳昇峰曾說，他當練習生時就立下志願要在恰哥（彭政閔）退休前和他進行投打對決，後來也如願在恰哥引退年最後一次參與明星賽時圓夢，回憶起自己新人年跟泰山對決的場景，我也有類似的心情。

作為已有能力判讀場上氛圍的投手，你能明顯感覺到張泰山踏進打擊區時有一股強烈的氣場，那不是半調子老鳥要給新人下馬威的膚淺氣勢，而是貨真價實、沉穩洗練的強打氣息。但一旦踏上投手丘，我也不讓氣勢矮人一截！當時帶著成棒王牌的自豪，秉持初生之犢不畏虎的雄

職棒初登板。

心，我充分享受職棒殿堂的頂尖對決時刻。

可是，這個幸福時光消散的非常快。

原本我挾著業餘實績的自信，昂首闊步迎接職棒首個一軍賽季，但隨著陸續出賽後的糟糕表現，我幾乎挫敗到抬不起頭。教練試過讓我先發，也讓我投了幾場中繼，沒有提供球隊實際幫助就算了，還有幾場比賽就是敗在我手裡。出賽前三場表現還算中規中矩，但第四場比賽中繼上場，僅投了一點二局就掉了四分，四天後迎接自己職棒生涯初次先發更遭到對手迎頭痛擊，七局投球丟了十分，教練團對我糟糕透頂的表現感到十分頭痛，甚至讓總教練發出「我不知道該怎麼用他」這種無奈的喟嘆。

「中繼不行、先發也不行，大概只能當『敗戰處理』了，還得寄望他不要連這個位子都丟不完……」

當時的處境，說多難堪就有多難堪。

初次先發就遭受震撼教育，一度令我懷疑自己是不是越級挑戰了。

自我

不過教練團再怎麼無奈，也沒有真正放棄我。即使二〇一一年開季我的表現不如預期，他們仍然積極替我尋找適合的定位和出賽時機。

「記得蛤！你等一下上去就丟進好球帶給人家『揍』！要不然吼！你下來就換被我『揍』。」球隊教練老是在我登板前用這類「玩笑」緩解我的焦慮或加強我退無可退的決心。

每每回憶起新人年總教練的這番「激勵」，至今仍讓我餘悸猶存。記得那場比賽我中繼上場砸掉了隊友的勝投，換局之際總教練鐵著面孔對我這麼說，當時我害怕極了，但也只能硬著頭皮上場完成任務，我的恐懼不是來自於球場上的對決，而是我不確

Chapter. 12

突破

定如果沒達成任務下場以後總教練是不是真的會打我？

當我在球季中半段成績漸入佳境，媒體曾形容總教練的治軍風格是「不罵不成器」，用嚴厲的拉正手段為選手帶來飛速成長。我不知道這樣的做法和說法是否正確，但當這樣的作法與我童年的家暴記憶還有善化時期親見小選手挨揍的影像重疊時，我只知道我的恐懼已經掩蓋過原有的感激與愛戴之情。

相較下，我很感謝那時球隊的學長們，在我「爛」到無法自拔時仍不斷鼓勵我，陪伴我尋找進步的方法。尤其是葉君璋學長和陳智弘學長這兩位金手套級的捕手，在場上搭檔作戰時對我的協助。從學生時期到業餘成棒，我一路披荊斬棘殺進職棒殿堂，帶著初生之犢的心態，我有自信不輸給任何科班出身的對手，但畢竟當時我只是一個職棒新兵，對於比賽節奏和中職各隊打者的習性畢竟不如捕手熟悉，在配球、進壘位置和打者資訊交流等處，兩位學長都給了我莫大的幫助。

棒球雖是團隊運動，但比賽卻是由許多「獨立過程」所共構而成。像每次的投打對決，在球被擊中轉由野手守備前，都是先進行投捕搭檔與打者間的鬥智周旋，所以才會有「投手優劣影響棒球七成勝敗」的說法。能夠進入職棒的投手，面對打者時想丟什麼球一定有自己的想法，而職棒投捕搭檔又比學生棒球有著更深的年齡與資歷差異，資深捕手會以自身經驗建議菜鳥投手怎麼丟會更好，但上場後大家的身分同為「普洛（職業）」級的，不會因為年資差異不讓投手對配球搖頭，反正場上就是成績見真章，堅持己見可以，但後果必須自行承擔。

新人年我帶著自信登板，相信自己要丟的球路可以解決對手，但當賽季剛起步呈現的結果並不那麼理想時，學長的建議對我而言就更顯珍貴了；當然，投手相信捕手，不代表自己是在不思考的狀態下無意識的投球，而是投、捕手判斷場上現況後取得的共識，做出當下最好的選擇，再一起承擔球投出後的結果。

有了學長的引導，加上教練團不斷給予機會，我得以縮短與職棒接軌的「新兵調適」時間，堅強地重新站起，也逐漸適應職棒戰場。初登板過後一個月，我在我的家鄉球場——新竹棒球場，以中繼角色拿下生涯首勝，也獲選首座單場最有價值球員！

賽後領獎時，我感到如釋重負；我身後那斗大的「十八號」背號，也第一次不再像個笑話。

投給他打

「投給他打」。

這句話經常放送在球員面對媒體訪談時，也經常出現在教練指導身陷控球困境的投手中。

分數贏很多——投給他打。

比分大落後——投給他打。

打者狀況佳——投給他打。

壘上全滿時——投給他打。

「投給他打」好似決戰十八點四四公尺的永遠正解；也是許多人對「官大元式」投手風格最大的誤解。

在很多人的印象中，我就屬於一名典型「投給他打」的投手；然後經常有意無意地談到我之所以能收拾殘局，是因為幸運受到隊友守備相挺，或者因為僥倖遇到對手自誤攻擊良機。如果我不夠成熟的將這類批評指教都往心裡去，也許我會相當憤慨在「投打對決」這件事上所付出的努力，被淡化得如此徹底。

對我來說，「投給他打」的意義與功夫，實際上遠遠大於字面上的意思。在沒有任何想法和技術的情況下，一股腦兒地把球扔進好球帶，其實很不負責任。

黃泰龍教練曾經在某次閒聊時無意間提到，球隊春訓時看過我深夜十二點多依舊在宿舍外頭賣力地揮動毛巾，讓他十分感動。我並非刻意想彰顯自己的企圖心，才挑春訓午夜進行「可歌可泣」的訓練；相反地，我只是想「做自己」，所以才選擇獨自一人避開球隊訓練時段，也遠離正在休息的隊友們，在街燈下「尋回」我在非賽季期間遺漏的細節。

人家常說「訓練」是為了武裝自己，好隨時準備上場比賽；而我是把比賽的涵蓋範圍擴及到每日訓練中，讓自己無時無刻都在經營「比賽」。我不介意因此被質疑是否過度訓練，或者被批評還堅守著沒有效率的蠢方法。因為我知道自己是誰，也曉得需要在哪些面向上做足努力，才足以實現「投給他打」這項投手奧秘。

我並不是靠著外界口中「因為」天生協調性好「所以」控球能力佳的邏輯，獲得今天的投球成績。

別忘了！我曾在職棒選秀會上名落孫山，所以「天分」這件事不過是結果論時的錦上添花。球評口中的「天分」，其真實樣貌是憑藉比別人投入更多時間，執著於每份訓練細節、在意每一下揮臂等等過程苦心拼湊而成。

我沒有令打者望塵莫及的球速，於是改追求極致的「控球」；唯有掌握了這項投球基本要領

Forglory
Foundation
兄弟
兄弟
74

一直以來與我一起奮戰的隊友。

後，我才有條件主導戰局。

傾聽身體

從自由腳抬起、軸心腳續力，一直到將力量傳遞至扣合著縫線的投球手指尖；這一連串細節得同時具備爆發力與控制力，使得棒球投手成為力學角度下最衝突也最容易受傷的運動職業之一。

任何有關「精準」的運動項目，都逃不開量化練習，比方說稱霸箭壇的韓國射箭隊一天據傳要射發至少七百支箭；因為唯有透過一次又一次的反覆練習歷程，才能留住細微的動作記憶。本應也該依循量化脈絡建立的投球控制，卻在傷害風險下，開始在數量上有了保護性的限制。不確定是不是在這因素下，現在愈來愈多能飆出破表球速的人才橫空出世，但同時具備駕馭能力者非常稀少。

自認「憨慢」的我，為了達到自己對於控球的要求，每天都在衡量還有多少時間訓練？還離標準有多遠？現在身體的疲勞程度如何？身體在「告訴我」什麼？往往一念一動下，就達兩三百顆的揮臂量。

這並非意味著我要帶頭違背運動科學證據，鼓吹恢復傳統大量投球練習。事實上，我並非每次揮臂都是「全力以赴」。

當我進行投球相關訓練時，有相當清楚的「檢核流程」，藉此細心感受身體每一寸肌肉連結、發力的訊號，好比水電技師檢修大樓配電時一線一線盤點，藉此建立「球」與「我」之間的聯繫。我會藉由慢動作來感受肌肉間的連動性，也會單純只進行重心位移的體驗，待整體連動性達到我嚮往的水平時，才會在正常牛棚階段卯足全力確立我的投球機制。

這就是我「控球力」背後的主要課表與修習奧秘——傾聽身體。

也許教練能提供我各式各樣的觀點和建議，現代科學也能呈現初速、末速、轉速等肉眼無法覺察的數據，但是「體現」表現與數值的根本，依舊是我的身體。如果斷了與「身體」的聯繫，盲目追求突破儀表上的數字，只為獲得認同和上場機會；終究會使手中投出的縫線球失去自我的「靈魂」。

意象訓練與情緒調適

在我腦海裡住著一組分工相當細膩的情蒐小組，他們擁有所有我曾經使用過和待確認的投球動作「影片」；還有我每一場、每一球和特定打者的對戰「畫面」，甚至特別收錄打者們的「表情特寫」和「肢體語言」，這有助於我進一步分析打者的意圖；還有一個部門專門處理「檔案歸類」，幫助我統合特質、類型、思路相似的打者，擬定我將來實戰時值得參考的作戰指南。

由於我長期擔綱中繼任務，所以在我上場之前，就是不斷透過「意象」回顧、確認和模擬比賽狀況。憑藉著過去每一次對決記憶，在我的「腦內棒球場」不斷上演對決戲碼；在此同時，我也會觀察當前場上的隊友們，如何逼迫對方打者？今天對方的落點慣性為何？界外球的方向角度如何？從中得到更多有利我登場後在「現實戰場」佔上風的依據或答案。

承前所言，棒球賽是由眾多獨立過程組成的，職業棒球員大多也都是很獨立的個體，即便工作時相互是夥伴關係，但每個人也都是在僧多粥少的環境中與對手甚至隊友競爭那稀少的一軍機會，為自己和全家人的生計而戰。

跟一般職場不同的是，職業球員的工作內容被攤在陽光下供所有人檢視及公評，長期處在高競爭、高關注的工作環境下，只要是人難免會有情緒反應。

以投手而言，無論先發後援，不管比賽進行到第幾局，壘上只要有自己送上去的跑者，那就是自己的責任，當下一位是你有百分百自信可以解決的打者，卻面臨教練上丘換投的情況時，所有投手此時都會有情緒；尤其經歷過被換下場隊友卻失守的資深投手，都希望自己親手化解危機；而在此情此景情緒上湧之際，如何用正向方式抒發，對團隊影響至關重要。

舉例來說，前紐約洋基強投穆西納（Mike Mussina）在現役時一次先發投到九局時讓對手上壘，總教練托瑞（Joe Torre）準備進場換投，此時已先發八點二局的穆西納在投手丘上直接伸手阻止總教練上場，並大喊要他「Stay there」！（停在休息室不要出來）而後他冷靜地解決對手，順利取得完投勝。這是作為一位王牌投手相信自我，一肩扛起勝敗責任的體現，即使肢體語言中仍有情緒，但團隊感受到的仍是正向積極的化學反應，與純粹甩態不服調度有很大的差異。

我自認不是一個脾氣很好的人，但因為幼年的特殊成長背景，讓我早已習慣察言觀色並善於隱藏情緒，我能做到「明明生氣，但因當時環境需求可快速轉變態度」來處理下一件事。因為我的自我保護色彩很重，會強迫自己維持外在形象良好的狀態；當有情緒起伏時，我下意識就會警覺「這樣可能不利於我」，於是就會立即壓下想發作的念頭。過去的負面經歷，反而造就我在球場上的波瀾不驚。

在十多年的職棒生涯間，看到學弟們因場上狀況而有情緒波動次數不勝枚舉，舉凡失誤、好壞球判定，都可能影響心情，這時我會跟他們說：「如果這個情況你生氣可以改變，那你就生氣吧；如果不能改變現狀，那你就必須改變方式，自我調適。」讓情緒凌駕理智就會喪失判斷力，忽略當下應要做好的重要工作。

找到情緒宣洩的出口，另一個正向範例是陳子豪。有時他打不好的時候會罵球棒：「X！我再給你一次機會喔！」或對著球棒說：「你累了嗎？要喝飲料嗎？」然後拿起手邊的運動飲料開始幫那支球棒「淋浴」。這是他紓壓和轉移情緒的方式。因為對自我表現有高度期待，表現不好時將不滿發洩在球棒上可以轉移他的焦點，也不影響團隊氛圍，甚至常讓旁人因他的反應被逗樂，每次他打不好的時候我都和隊友說：「等一下那支球棒又要倒大楣了。」

身為投手，難免也會碰到野手失誤造成該出局而未出局的狀況，這種時候我會用比較戲謔的方式去開他們玩笑，讓他們放鬆，緩解當下野手的壓力和負罪感，避免場上新狀況來臨時，他還在想前一次的失誤。

手

如坐針氈的禮遇

經過教練、學長和我自己的共同努力下，我的表現猶如倒吃甘蔗、漸入佳境。告別季初定位不明的窘境後，我開始固定以中繼身分出賽，搭上中華職棒開始重視後援投手的新趨勢，我逐漸找到自己的一片天。

不確定從什麼時候開始，媒體開始替我冠上「轉運手」的稱號。

身為後援投手，卻累積很多勝投，以過去棒球的常理推斷，會認為這位投手應該是常在登板守成時搞砸前位投手的勝投資格，才會頻繁製造出自己取勝的契機，而這也是後援投手沒有盡責的證明。

Chapter. 13

轉運

但我會被稱為「轉運手」的情況很明顯與此不同，我從二〇一一至二〇一二年賽季，以後援投手身份取得了二十一勝，兩年間只有四場救援失敗，這二十一勝當中，只有二場是搞砸了先發投手的勝投後自己取勝。這代表著球隊大多是在我中繼出賽後，就能產生時來運轉、克敵致勝的神奇魔法，將原本比分落後的局面逆轉超前。

這帖行銷猛藥一下，搭配百萬象迷的助攻，「官大元」的聲望在國內職棒圈瞬間抬到連我自己也無法想像的高度。我開始成為象迷茶餘飯後時會提及的對象，也開始匯聚自己的鐵粉，原本就很不習慣受到關注的我，忽然間得好好正視公關經營學習的必要性。不過，那段時期我心裡面最介意的「關注」，反而是在隊內。

「大元，你東西放下。你的手是用來『投球』的，不是用來搬東西的。」一位教練在走廊另一頭對正在協助隊上整理東西的我喊道。

原本我以為教練只是開玩笑，所以打哈哈之後我依舊繼續幫忙。

「喂！我沒再跟你開玩笑吶！放下！讓其他人幫忙！」教練轉為有點嚴厲的口吻。

當時我有點愣住，但大概能理解為什麼教練會有點動怒。

我一下從業餘拉升至職業等級的比賽強度，加上比業餘更為頻繁的賽事節奏，好不容易在成績方面開始有點樣子，我的手卻顯得有點吃不消。我曾誠實反應過那時手不舒服的狀況，但我不認為幫忙隊上差事會形成什麼麻煩，甚至，這對我一位「資深跑龍套」的來說，根本是最基本不過的例行事務。

教練突如其來的「禮遇」，不僅讓我受寵若驚，也驚動了身旁幾位隊友。其中一位已是球隊中流砥柱的學長，也板起面孔嚴肅的對我說：「叫你放下。你就放下。我來。」

「天啊！現在是什麼情況！？」我不禁陷入一陣焦慮中。

我不知道怎麼開口解釋這一切……一直擔心著隊友因為心裡不平衡而孤立我，也很介意自己會在背後被說成「耍大牌」的球員，加上當時外界不斷圍繞著「轉運手」的話題，很可以被往大頭症的方向做文章。

不過，菜鳥的心事，真的躲不過資深老手觀察入微的火眼金睛。

「來！哩來！」一位學長叫了我，「我知影哩在想什麼。」

我默默看著學長，不敢多說話……

「哩知影哩自己係什麼身分嗎？」學長接續說。

正當我還在想著要怎麼回答時，「聽好！哩係來替咱們贏球欸！」學長堅定地說。

「你是來替我們贏球的。」——這句話，串起我心中無數個回憶，那些關於我被拒絕、我被嘲笑、我被看不起、我落選的片段，一下湧上心頭，也不小心讓我眼眶失守。

「哭啥啦！憮知的人還以為我在欺負你……」學長這時才露出笑容輕鬆地說，「幫忙搬東西的事哩就賣擱想啊！那都小事！阮攏袂尬哩計較！好好投球！好嗎！？」

「好！我知影了。」我強忍著淚水跟學長道謝。

那一刻，我真有一種此生沒有白活的感動！

被需要的感覺真好！

驚奇的十勝、驚奇的獲獎

「兄弟象新人投手官大元於四月十日對桃猿隊首度先發，主投七局被敲出十三支安打痛失十分，創下中職新人首場先發最多失分紀錄……」

這是當時某家報社媒體於體育版刊登的新聞。我應該要把那一頁留下來的，但我看到報導時尚未走出前一晚的送分陰霾，沮喪之餘就將報紙塞到座位椅子下，不久後便被球場裡勤奮的清潔人員當垃圾處理。

好在！教練團沒採同樣的方式把我處理掉。

新人年時，忍著開季的渾沌、被關注的壓力，我從球隊敗戰處理的角色重新出發。在這份壓力相對沒那麼吃重的任務中，我跨出自卑情結，大方接收來自對手及隊友的盛情指教。我心裡時常在想：「又不是沒輸過！要比被看扁的經驗，我也是箇中好手！」於是我找回過往在業餘時期的耐心與執著，更專注於我應該留心的球技面。加上葉君璋和陳智弘兩位捕手學長用心掌握我的球路、搭配經驗老到的見解，在他們的穿針引線下我開始「轉運」了！

原本只是作為調整的長中繼定位，卻意外成為我投出轉運成績的主戰場，教練團也就順水推舟的讓我持續在先發投手出亂子、或球隊處於落後追分的情勢時粉墨登場。

同一家媒體、同一位記者，幾個月過後撰寫出這樣一篇報導，算是另類見證我這段時間的調整和付出：「本季聯盟新人王目前呼聲最高的投手，是兄弟象隊的官大元。單從戰績來看目前官大元的戰績八勝四敗，防禦率三點四四；不但防禦率不錯，而且八勝的成績名列全聯盟第四，同時也是本土投手最多勝。」

這回，我換上自豪的心情，微笑閱讀著和團隊一起經營的成果。

不過，我還是忘了把報紙留下。

生涯的首場先發勝。

另外一方面。

習慣和群眾互動後，我開始學習如何當一位公眾人物，也試著去領受身為職業選手的一大好處——接受球迷們的加油吶喊。這真的很有趣！一群和自己素昧平生的人無條件地化身為鐵粉，然後全心全意地幫我加油，還會替我製作看板、整理紀錄、蒐集剪報，並身穿印有十八號的T恤表達支持。撇開球迷們偶爾「愛之深、責之切」的發言，能有一群人陪伴著自己經歷高峰與低谷，真的滿幸福的。

我的職棒首年就在各界祝福、用心和我自己的努力下，品嘗一道又一道苦澀的失敗經驗；享受一次又一次的正面鼓勵；貢獻一場又一場好球給球隊。我所獲得的信任，都一一昇華為我在投手丘上的自信，使得原本苟言殘喘的「廢咖新人」，躍升成為球隊和球迷口中不可或缺的重要戰力。

投著投著，一季過去了。雖然球隊沒能如願闖進總冠軍賽，但我竟然寫下一篇聯盟新頁，首位以中繼身分奪取十勝的投手，還成為該年度的本土勝投王！驚奇還不只如此，該年度的頒獎典

陪我達成破紀錄單季 11 場後援勝紀錄的貼身戰友。

禮上，我還獲頒每位職棒選手一生僅有一次機會的——年度新人王！

轉運手奪新人王

挾著氣勢如虹的自信一路投到九月初，當時的我處在一個「被賦予重任、完成工作、球隊逆轉」的絕佳節奏，「轉運手」這個稱號對我而言不代表迷信，而是一種正向激勵，因為在這個節奏中，你會更堅信自己長年不輟的堅持與努力是對的——「只要你夠努力，好運也會站在你這一邊。」

從完成分內工作、享受球隊勝利，到發現勝利投手名字是我的成就感，這個過程不斷重複，直到數字堆疊到七、八勝，我也慢慢意會到自己有機會摸到十勝這個指標性的門檻。從本來的「能贏球就好」，到後來對於十勝也開始有了渴望。

信念會帶著你去達成目標。

我曾經的最大目標是想打職棒，完成後又想，既然都進來了，我就想成為TOP端的選手。作為一個職業球員，腦袋不能空白，不能沒目標和想法，因為想法會影響走向，想要變成怎樣的選手，主觀的思維可以再強烈一點，當你朝著目標，一直很堅持在做自己認為對的事情，時機到了全世界都會幫你。

我想，所謂的「轉運」過程就是如此發生的。

隨著球季進入尾聲，我達成中職過去前所未見的「中繼奪單季十勝」紀錄以後，開始有媒體詢問到新人王的角逐問題，問久了讓我也不禁產生憧憬，但因為新人年一路走來的經驗教訓，讓我學會在渴望之餘保持順其自然。

我記得二〇一一年我的第三場先發是六月八日對戰統一獅，我在四局三比二領先的時候被換下場，隨後接續投球的隊友葉丁仁被敲全壘打讓比賽遭到逆轉。當下心裡我其實很氣，氣的除了沒能有機會取得勝投資格，也更氣自己無法完成先發投手投滿五局的份內工作。

當時在外地比賽時，住飯店常跟我同寢的葉君璋學長看到我心情不好，就問我什麼狀況，當時已逐漸擺脫自卑，對自己實力恢復高度自信的我，把內心的想法原原本本的告訴他，年輕氣盛的我就是認為「如果讓我繼續丟就贏了嘛！」

在我氣焰正盛之際，君璋學長一桶冷水當頭潑下，他回道：「這哪有一定，如果你繼續投，說不定那發逆轉全壘打就是打你的。」

這句當頭棒喝讓我有瞬間被點醒的感覺。是啊！棒球比賽本來就不是一個人可以主導的。葉君璋學長常講的名言是：「不要把自己看得太重要，也不要覺得自己不重要。」過度自負和自卑都不必要，凡事順其自然就好。這個觀念，對我後續十年的職棒生涯發展很有啟發。

棒球與人生，都是這樣。

在棒球場上能不能完成任務不可控的因素很多，順應自然就好，新人年的心境起伏先是從自

一生一次的新人王。

卑到自信，中間過於自負，最後再回歸平常心，這個心態的轉折，或許是我能拿下新人王的關鍵。

那年成績有競爭力的新人很多，投手部門除了我以外，還有興農牛的陳煥陽、Lamigo 桃猿的鄭承浩、統一獅的廖文揚，野手部門則有旅外雙星陳鏞基和郭嚴文。鏞基下半季因為自打球骨裂所以成績打了點折扣，況且媒體圈的不成文規定，新人王似乎不太會投票給旅外回歸、在他國已有職棒資歷的選手。

那天在頒獎台下，大家看到聯盟安排的新人王頒獎嘉賓是草總，坐在我附近的「大餅」林岳平打趣的說：「啊這就知道是誰了啊！」大家笑成一片，而最後也真如他所言，我成為了站在台上受獎的那個人。

挾著新人王的氣勢和經驗，隔年教練團持續安排我以長中繼身分出賽，我也不負眾望的連續兩年展現自己的本事，加上野手隊友們的適時相挺，讓我又在一項前無古人的聯盟紀錄中留下自己的名字——連續兩年後援出賽，並奪取雙位數勝場的中繼投手。

這一切真的得來不易，因此我備感珍惜。

經典國手 我也是經典

還記得我去善化當陪練員時，曾對身旁的小國手們可以肩披中華隊戰袍投以過羨慕的神情。那件以藍白雙色為基底的球衣，搭配頗具時尚感的LOGO。相信每位在台灣打球的棒球癡，一定都幻想過自己穿上整套中華隊球衣的帥氣模樣。

我當然也是！

進到職業之後，具備國手資歷的人比比皆是。應該這樣說，在我們那個年代，只要能擠進中華隊，基本上，要受到職棒青睞就不是一件太困難的事。兄弟隊上就有好幾位不同世代的國家隊常客，甚至中華隊隊長。所以來到隊上後，有很長一段時間我都會有意無意的避談進職棒前的資歷，總覺得在這些戰功彪炳的「國手隊友」們面前，我宛如一張皺紙的過往很容易惹人訕笑。

正當某天賽前熱身結束後，我坐在更衣室的椅子上發著白日夢，癡心妄想著哪天能拚到國手資格來更新自己乏善可陳的棒球履歷時——奇蹟發生了！

也許是天時地利人和；

也許是天公疼憨人；

又或者當時的帳面成績掩護了我，讓選訓委員的思緒不再糾結。

職棒例行賽還正在進行中，但我獲知自己入選二〇一二年舉辦的第三屆世界棒球經典賽資格賽六十人大名單。

那一刻，真的太「經典」了。雖說還沒確定能否成為正式國手，至少我有機會去拚！

該年職棒賽季一結束，我和一同入選的「準經典」國手們便馬不停蹄地投入中華隊培訓。我還記得我在領取中華隊球衣、裝備時，心裡真是百花齊放，可是表面上又得故作鎮定，免得被人想起我國手菜鳥的經歷。另一方面，經過一整季的例行賽征戰，說真的，包含我在內的許多隊友們，傷的傷、疲的疲，而且，入選這次資格賽的球員，不見得就是明年正式賽的成員。不過，依舊沒有人想錯過和世界頂尖棒球員較量的機會！雖然我們偶爾在休息室閒聊時會開玩笑地說「五告累欸」（台語：有夠累的），但只要踏上球場，所有人都不約而同地用企圖心撐起疲憊的身軀，抬頭挺胸以身為中華隊的一員為榮！

這次資格賽前，在台日雙方職棒聯盟友好關係下，由日職促成了台灣、古巴國家隊及中職聯隊在台灣進行熱身交流賽。二〇二二年十一月十日是熱身交流賽第一場，也是唯一一場台古國家隊正面交鋒的賽事。我相當期待自己能在站上國際舞台前，獲得試試身手的機會。畢竟，對手是從小在電視機前常讓人讚嘆不已的國際棒球強權——古巴隊，如果能在令世界列強聞風色變的紅色閃電面前展現好投，對我和團隊而言都會獲得巨大的信心。

比賽當天，我賽前就積極做好各種準備，就是希望有幸出賽時能把握機會盡展所長。

我的等待沒有太久。

「大元，你可以嗎？」教練問。

「嗯，我準備好了！」我堅定的回答。

我緩緩地從牛棚區走出，雖然眼前迎接我的是生涯首次和國外強隊交手的機會，但填滿我內心的不是恐懼，而是興奮！我步向投手丘的路上只想著一件事：「我要贏！我有能力做到這件事情！我要拚進正式名單裡！」

最終，在初試啼聲的國際秀上，我投出一個保送、一個飛球和一個滾地球讓對手出局，由於先發投手提前退場，後援投手登場依貢獻度決定勝投資格，最後我以一局無安打完成任務！賽後這場比賽的勝投，也掛上我的姓名。

也許真的是台古熱身賽給了教練和選訓委員夠格的印象，中華隊提交資格賽正式名單給賽事主辦當天，我看見自己的名字登列在正選選手中，真是滿心歡喜又感激！這下我可真的成為正式國手了！

熱身賽後不到一週，十一月十五日我就和中華隊一起迎來首戰，對手是來自南太平洋的島國紐西蘭。

當晚的新莊棒球場湧現近萬名觀眾，由愛國情操驅動的加油聲勢更勝死忠的百萬象迷。為了闖入明年的經典賽會內賽，全國上下都關注中華隊能否打出氣勢（意思是不只要贏！還得大獲全勝！）。好幾位前輩在集訓和熱身賽階段就諭示過：「現在輕鬆，不代表正式比賽當天你一樣能輕鬆。」我沒有不當一回事，不過真的來到比賽那一天，我確實感受到「CT」LOGO和「梅花五色環」臂章的重量，即使對手是相對實力沒那麼出色的紐西蘭。

由於雙方投手都展現不錯的水準，使得比賽節奏走得很快。四局以前中華隊只從紐西蘭隊手中攻下兩分，但這分差也完全澆熄現場原本喜悅的氣氛。

「這就是國際賽可怕的地方吧！」我心裡想著。

幾位見過大風大浪的資深學長們，為了不讓我們太受觀眾情緒影響，賣力的在休息室裡說笑話、炒熱氣氛，而我的心境也被他們帶往比較輕鬆的狀態，幻想著資格賽後要如何和大家留下任務成功的歡樂合影。

突然間——

戰況緊繃了起來，大家相當識相的收起笑臉，準備迎接對手可能的反撲。

「叫大元去準備。快點！」從休息室另一頭的教練口中喊著。

這一切都來得太快。五分鐘前我們還能保持平常心應戰，五分鐘後我卻得用最短的時間完成熱身。萬幸的是，我熱身速度向來很快，這也是我在母隊兄弟象擔綱長中繼的原因之一，很快就能接手狀況不穩的先發投手；不幸的是，我一片空白的國手資歷，腦子裡完全沒有任何可供我參考如何應對國際賽事的經驗提示。所以我一邊快速揮臂、投球想盡早完成熱身，一邊受到心跳加速和腎上腺素激發的影響，挨著緊繃和急迫的身心狀態。

代表國家隊的關鍵登板。

「完了！和上次古巴戰的心情完全不同，我現在好緊張！」我心裡偷偷想著。

比賽進行到五局上，紐西蘭隊進攻，一出局二、三壘有人。我和同在牛棚練習區協助我準備的葉君璋學長（當時升格為投捕教練），同時看到在休息區的投手教練謝承勳打來的暗號——雙手食指快速交互轉圈。

「要換投了！」我看到暗號後立刻反應到。

「欸！不對吧！現在只有我在準備啊！」我的理智追上直覺後驚呼著，「教練膽子也太大了吧，竟然把這種『局面』交給國際賽菜鳥處理？！」

我在母隊的好搭檔葉君璋學長湊到我身旁說：「慢慢來，準備好再丟。這種局面如果你能守起來，你就大尾了！」

我當下沒搭理學長，因為我的大腦已超載，無法再塞入任何訊息。我本能性的跑向投手

獲得亞軍的榮耀時刻。

丘，接著用我尚存的意識盡力控制我自己和我手上那顆球。過去教練常說，練球這麼累、量這麼大，就是要讓自己的身體記得一些事，一些當思考能力被壓力帶走時，依舊能展現出的——殺手本能。

我經年累月的投球訓練，讓我化身成新莊棒球場投手丘上的獵人，在我回神之前幫我頂住眼前的難關。而我的意識最終被一道威震天際的聲響喚回——那是發自我體內的一聲怒吼。

一出局二、三壘有人，我以完美的兩「K」凍結毛利民族，讓他們不能再朝本壘越雷池一步。

投手丘上渾然忘我的振臂歡呼，也終於喚醒靜默已久的觀眾。在萬眾矚目之下，我的中華隊初登板沒有讓大家失望，球隊也在觀眾的應援助威下，於五局下半轟下八分大局。

終場，我們以十比零提前在第七局撂倒對手。

卡住的轉運「手」

和近年單隊一、二軍合計投手總量三十多名的豐富兵源不同，我新人年代所效力的老兄弟球團當時還是採取精兵政策，投手人數常捉襟見肘，扣除掉在一軍的主戰投手十二位，二軍的輪替投手就只剩下三至六個，其中還包含身上有傷的。

那個特殊的時空背景對選手而言有利有弊，優點是因為人手短缺，教練團對選手表現不佳時的容忍度比較高，會多給一些機會；而弊病當然是「好用一直用」，容易累積職業傷害，影響生涯發展，最顯著的就是後援投手的使用頻率。

可能對比許多職棒選手來說，起步甚晚的我，最大的優勢就是擁有一雙比別人健康的手。走過二〇一一與二〇一二賽季，除了一般的出賽疲勞和一些小酸小痛外，我一直都未受到嚴重傷勢襲擾。

直到二〇一三年。

那年是我出賽頻率和投球數量最多的一年，下半球季開打沒多久，也就是七月份左右，我的身體就開始發出抗議訊號。可是為了球隊戰績及自己明年的合約著想，我一直忍著不舒服的感覺。

許多球迷可能不太清楚，一位後援投手實際投球的總量，並不是責任局數帳面上的十幾二十球而已。

並不是每個先發投手都像德保拉（José De Paula）一樣，場場保底一百一十球、吃下七局，讓後援投手能在穩定的時間打卡上下班；當先發投手失常，牛棚投手無論領先、落後都有可能登板，而且隨戰局演變，隨時都要做好被派上場的身心準備，由於無法肯定什麼時候會登板，所以每場比賽過程都要熱身很多次，在一軍比賽極度高壓的情況下，反覆熱身、停止、再熱身、再停止……這樣的循環過程對於手臂是一種負擔。

棒球運動裡投手的手臂是消耗品，作為勝利組的牛棚投手，撇開實質登板頻率和登記在冊的用球數，常見場景是當先發投手五局用球數已達八十球，或早早面臨失分危機，熟悉的電話鈴聲就會在牛棚響起，此時對應的中繼投手群就會起來熱身，倘若先發投手安全下庄（化解危機），中繼投手就會停止熱身回到一旁待機，倘若場上的先發投手反覆出現這種「關關難過關關過」的局面，牛棚投手就必須跟著這種節奏反覆熱身、停止、熱身、停止，這就是非先發投手的職責與宿命。

很多時候，後援投手在球隊失分危機出現時就得起身準備，直到警報解除後才能坐下來喘口氣。但戰局多變的棒球賽中，常是牛棚投手剛坐下沒多久對方攻勢再起，又得重新起身活動；所以在實際登板前熱熱停停兩三回是家常便飯，一場比賽下來實際加總的投球總量也是非常可觀的。

二〇一三年賽季進行到八月的某個禮拜，由於當周我已經連續後援出賽三場，所以那禮拜的第四場比賽賽前，總教練告知我會讓我休息一場。

由於提前被告知當天休兵，於是來到球場後我和防護員就按著休息日的步調進行例行恢復、治療。豈料球隊帶著領先進入六局上半時，教練突然跑來問：「你等一下可不可以丟第七局？」

當下我先看向防護員，心裡滿是慌亂。防護員則是皺著眉頭扶著我肩膀上的電療器，眼睛盯著我正在冰敷的手肘，一語不發但明顯是在暗示：「這種情況？不合適吧？！」

「收下來再加三點！」正當我還在思考怎麼答覆教練時，教練突然補上這一句。

所謂「加點」是球隊內部的獎勵機制，為了表揚特定球員在比賽裡的特殊貢獻、美技演出等，獨立於月薪以外的加碼獎金。

可是現在讓我陷入煩惱的並不是額外獎勵要拿多少……是我的手臂還能乖乖聽話嗎？

「好，但我不確定來不來得及……」

我背叛自己的手臂回答教練，但我當下真的不是為了錢，而是那一刻教練團和隊友都把目光焦點集中到我身上，我不想讓大家失望，希望能幫助球隊守下勝利。

我看得出來防護員有點生氣，可能部分是因為我的任性，也可能部分是對教練的決定表示抗議，但他依舊相當迅速地幫我撤除掉身上所有的治療用品；而在我身旁目睹一切對話的隊友，也收起驚呆的表情趕緊跑去幫我拿手套和釘鞋。

「挺住啊！朋友！」我快速換裝、跑向牛棚區，到開始拉球熱身的過程中，一直對自己的手臂這樣信心喊話著。

比賽來到第七局，我真的上場了，最後我也順利完成了任務……

但——我的手——真的快不行了。

寫下這段經歷，並不是要翻舊帳檢討教練是否使用過度的議題，單純想表達，世界很大、領域很多，我們無法認為凡事都能有一致的標準解答。對我和教練來說，職業運動這份事業，很多時候還真無法用一般日常生活的眼光來看待。

團隊的戰績是由球員的表現和紀錄堆疊而出；而表現和紀錄又提煉自球員所奉獻的身心代價。職業球團支付球員高於一般產業平均薪資的報酬，所以好好比賽、貢獻專業本是職業球員的天職。可是當球員的身心狀況不佳，為了合乎價碼、回報球隊，甚至爭取明年合約，不惜拿自己最重要的身體健康來當賭注；一直都是職業運動難解的習題。

有位朋友曾在自己的臉書上寫出這樣的一段話：

如果有件事情，
做了，
能得到榮譽和掌聲，但卻得傷害自己賠上未來；
不做，

當下無法獲得認同，但可能可以讓你保有健康。

到底，該怎麼選擇？

老實說，一直到現在，已經在職棒打滾十一個年頭的我，依舊沒有明確答案。我知道身心健康很重要，但我仍無法壓抑自己的戰鬥衝動和運動員天生的求勝天性。

我現在面對「個人健康」與「工作責任」的平衡，不再將其視為選擇題，而是一道申論題。對我來說，身為職業球員，得知道兩者之間還有哪些細節緊緊聯繫著。若你希望我說出我的個人見解，我會說——練習。

至少，我進到職棒前與進到職棒後，我都是靠著「練習」一路生存至今。只不過有了傷病疑慮之後，練習的範圍就得從球技，進一步延伸到生理修復和心理調適。

我無法確定我所具備的觀念到底是對是錯，我只知道，好好照顧自己、好好比賽是身為選手的我，做得到，也必須做到的事。

中繼王

職棒界裡最優秀的菁英是先發投手，他們有固定的出賽頻率，方便調整，職棒生涯也較為穩定順遂，待遇也較高；倘若續航力不足以吃下先發分內局數者，就退而求其次成為勝利組後援投手，使用頻率會相對受保護，但若壓制力不足以守成，就只能擔任敗戰處理投手，吃掉無關緊要的垃圾局數。

所以，作為後援投手的力爭上游，就是從敗戰組前進至勝利組；但一旦進入勝利組這個教練團的信任圈內，就意味著操勞程度將遠超過以往所能承受之重。

二〇一四年我帶著傷痛，且戰且走勉強撐完一個賽季。結束那一年後我並沒有如外界預期地給自己一些喘息空間，因為職棒殘酷的淘汰輪盤不會一直跳過無法為球隊做出貢獻的人——哪怕選手是為了球隊戰績帶傷上陣。

為了確保二〇一五年賽季前的球隊春訓我就能重回健康的自己，我比以往更早開啟春訓前的自主訓練。只不過台北的冬天經常飄著隨東北季風而來的細雨，又冷又濕的天氣加上球季積累的疼痛和疲勞感，在訓練過程仍然反覆折騰我的手臂。雖然痛苦，但我明白這就是職業球員的宿命，我們必須不斷與時間賽跑，不論是傷後復健、調整技術動作還是透過重訓建立身體基礎，都需要抓好時間週期，才能在需要拿出表現前及時調整到位。

幸虧，我忍著痛楚與焦慮的訓練過程沒有白搭，我如期趕在二〇一五年季前春訓就健康回歸了。

春訓向球隊報到後，教練團告知我今年的角色需要調整，不過尚不確定會在哪個位置。我並未感到生氣或沮喪，因為前一年與傷痛共處下我確實沒有繳出令人安心的投球內容，所以我只告訴自己，要再次成為球隊在比賽後段更穩固的堡壘，我還得下許多功夫。

開季之後果真都先在一些與勝負關鍵遠離的局數出賽，但這也讓我更潛心掌握自己的身體狀況和對手的擊球策略。剖析對手──在中職是件更為重要的事，因為隊伍數少，沒多久就會遇到同一支球隊、同一條打線；如果一位投手永遠只想著自己的配球應該如何、出手角度非得如何、球速球威又得如何，而完全忽略打者的心思意念，是很容易被迎頭痛擊卻又不曉得原因出在哪的。

面對失敗，我從不逃避──要在職棒投出壓制力，我愈來愈有一套獨門見解。

憑藉著我的「想法秘方」和實際表現，我替自己在教練團心中重新打下信任的地基。再過一段時間，我的出賽時機被調整進守護球隊領先的勝利組行列。由於該年陣中還有兩位狀況極佳的後援王牌──謝榮豪和陳鴻文，所以排在他們出場前登板的我，會有一種可以相互依靠的感覺，在健康回歸的狀況下，我得以在投手丘上盡展所長。最終我以十九次中繼成功，奪下二〇一五年賽季的中華職棒中繼王獎座。

從冬訓期投一顆痛一顆的煎熬，到登上中繼王頒獎台的喜悅，這段過程有位重要的推手──

獲得中繼王的當下。

時任兄弟投手教練的黃欽智──讓我想獨立一個段落好好致謝。經驗豐富的他，無論在比賽、復健、訓練都給我很務實的建議，有他的陪伴我才得以無傷、無痛、無負擔的完成整季。欽智教練曾說：「我不希望我手上的投手名單，有任何一位是因我使用不當而受傷，哪天我離開棒球圈時才不會感到虧欠和遺憾。」

欽智教練這句話真的不是隨便說說而已，在賽季期間，每隊各要完成一百二十場例行賽，對於投手登板的規劃，他秉持從運動科學推演出的出賽策略，堅持中繼投手在非必要狀況，不連續三天出賽。因此，一整年下來，有好幾次球隊在欽智教練的堅持下，不幸被對手翻盤；但他選擇一肩扛下所有責難，依舊強調讓投手按既定的規律休息、恢復，長期下來對選手和球隊才是更正面的安排。

謝謝欽智教練，是你的堅持，成就了二〇一五年的中繼王！

沒有黃欽智教練，就沒有當年度的我。

不難過

悶熱的天空，苦悶的心

有段時間我對一句多數人習以為常的話相當感冒，那句話經常是外界、甚至球界本身都常掛在嘴邊的批判——你們就是不好，才會在二軍。

走到職棒第七個年頭時，長年征戰所留下的運動傷害，以及各隊頻繁交手中被對手細研球路攻略，使得我在二〇一七年後有更多時間都得待在二軍養傷和尋求自我突破。

一直以來，「身體健康」就是職業運動員最奢侈的願望，也是建功立業必備的基本籌碼；一旦身體微恙，短時間內就很難在競爭激烈的一軍賽場博得席位。對於飽受傷勢折磨的選手，聽到用「好」或「不好」來分界一軍與二軍能力時，心裡真的很不好

Chapter. 14

在南國，

受。畢竟，傷痛不會自動「赦免」職業態度好、球技佳、自律甚嚴，甚至勤做賽後恢復的選手；它說來就來，根本防不勝防。

所以，我個人比較傾向隊上運動心理諮詢師紫峯重新詮釋的觀點——我們都很好，才能躋身職業舞台；會在二軍，只是我們需要更充分的時間與空間來面對我們需要強化的課題。

中信企業接手兄弟球團之後，大破大立地開創許多國內職業隊的典範作為，最引人注目的莫過於二〇一五年底啟用的中信公益棒球園區——也是我們球隊當前最主要的春訓與二軍訓練大本營。位於南台灣的屏東訓練基地，自然躲不過驕陽如火的盛情款待；每個在烈日監督下的夥伴們，特別是因傷下放或遲遲未接獲一軍來電的隊友，心情的顏色都曬得跟臉一樣黑。

有段因傷無法正常訓練的日子，我經常在完成有限的課表後就到牛棚看投手練習。我們隊上有幾位年輕好手都具備火球連發的能力，一出手就是一百四十五公里起跳，讓我看了好生羨慕。我時常看著看著就難以壓抑心中喜憂參半的念頭，喜的是隊上擁有強大的投手群，絕對能在長期的賽季角力中佔有一定程度的優勢；憂的是，看起來我健康歸隊後還有與後輩競爭、與歲月拔河的壓力，我到底該如何在這強大又年輕的投手陣容中殺出重圍呢？

每次只要推開家門，想起我要獨自去到離家好遠的屏東，面對來自身體、心理與技術的逆境；那股來自南國特有的悶熱與孤寂就會瞬間襲擊我的心情。

難過嗎？當然！

二軍的太陽十分炙熱，遠離家鄉與親人更加煎熬。

但我沒有太多時間沉浸在這種負面的情緒裡。

為自己加油

拿下中繼王後的隔年賽季春訓我的手就有點不舒服，開季後能丟，但手常常會痛，在此狀態下且戰且走成績自然不如預期；二〇一六年底，因為奪冠失利球隊教練團改組，美國籍總教練史耐德（Cory Snyder）走馬上任，等於陣中選手的印象分數在新教練團眼中都將從零開始算起，史耐德總教練的用人風格極其鮮明，尤其是在投手戰力的認定。

史總看重的投手特質是「球速」，火球派的他從測速槍決定哪一個是戰力優先選擇，這個觀點其實也是當今棒球界的趨勢，球速快、讓打者揮空率高的投手是首選！這很顯然與我過去的球風相當不同，加上我自己在二〇一六年的成績也不好，自然更難在新教練重建隊型的計劃藍圖以內了。

「我能拿出什麼特點，衝破新時代用測速槍數字衡量投手優劣的迷思呢？」

每每在我搭車回屏東的路上、回到基地躺在宿舍床上、起床後走到防護室的途中、在防護室治療訓練的時間、坐在休息室看隊友練球的光陰、大隊訓練結束後吃飯的須臾、放假再從屏東回家的旅程，我一直在思考這個問題。

在身體層面，經過防護員的悉心照顧，我總算是健康回歸投手丘，可是有關作為投手「我的優勢到底是什麼？」這道問題的內省始終沒停過。我不想找太多藉口來搪塞回歸球場後表現不佳的事實；在成績不好的情況下，我也很「務實」的想過萬一沒機會繼續擔任球員，之後的生涯規劃應該怎麼走。

「還不到放棄的時刻吧！」這句發自肺腑的堅定話語，突然間劃破我內心的沉默。

大概是十多年來不斷敦促我逐夢的潛意識再次甦醒，過去的「大元們」向我發出示威，紛紛表示在「我們」的選擇裡沒有「向命運低頭」這個選項。「我們」想要在二軍重新振作起來，重拾昔日「轉運手」的風采，再一次為自己翻轉命運。

我後來給自己的方法很簡單，就是先專心致志把過去「吃飯的傢伙」找回來。我不再拿自己和火球學弟們比較，全心全意練回我原有的球種品質。在這段期間，我也潛心研究各隊好手的打擊罩門，以及觀摩其他投手對付這些聯盟頂尖打者的模式。當我對於原本具備的球種開始能十拿九穩之後，也嘗試開發以「角度」為發展主軸的新球路。

搭配我過去的經驗、所做的功課、控球優點和新舊球路的交互應用，我花了一年的時間升級自己的配球內容；終於，告別黯淡的二〇一七年賽季後，我開始找到速球以外的新玩法，逐漸能隨心所欲地主導左彎右拐的飛行路徑，讓小白球能適時閃過中職聯盟的重砲轟擊。

在潛心將自身優勢極大化的過程，二〇一八年我在二軍的狀況其實不錯，十六場後援出賽、主投十四點二局、每局被上壘率只有零點九五，自責分率更是賞心悅目的零！當時有資深媒體前輩注意到我的成績，在訪問時向總教練探詢我的近況；一開始總教練還能以「二軍成績僅供參考」為由打發，但隨著我在二軍無自責分的局數日漸積累，總教練被記者詢問的頻率也愈來愈高，也不得不正視我的存在，我終於用實際作為為自己博得重回一軍的機會。

重量級的二軍教練

近年提到兄弟的二軍必定會聯想到的指標人物，一位是王建民投手教練，另一位當然就是「林桑」──林威助總教練。

「想念屏東的太陽嗎？」這句網路社群的流行語，恰反映了我們球隊二軍的治軍嚴謹和人才培養有口皆碑。有別於外界「緊迫盯人」的印象，林威助總教練過去在二軍執教時其實給予老將很大的空間；林桑無論做為選手或教練棒球觀都很一致，他認為「職業選手要有想法，上場前要先思考，私下訓練、復建、調整，也要有自己的規劃」，被他認定能思考，設想周全的選手，他就會給予信任和空間。在我因傷下二軍時，他不時會關心我的狀況，並問我對狀況調整的規劃有什麼想法？需要多長時間可以恢復原本的樣子？我也會明確告訴他我預設的進度，他相信我不是會偷懶或擺爛的選手，他只需要確定時程，讓我在上頭需要時能隨時就緒上一軍，接下來就讓我自己按部就班進行，這是他對於我這種有十年資歷的老將在自律及經驗上的信任。

此外，執教走務實風格的林桑，即使身處二軍舞台也同樣強調戰績，所以在二軍時也給予我這樣隨時能作為戰力的投手許多上場空間，讓我們在二軍調整之餘也有實績能讓一軍教練團看見，正如前面所敘述過的，我二〇一八年在二軍出賽十六場無自責失分，正是在林桑的調度下所展現的成果。

我曾經聽過林桑問「小黑」吳俊偉一個問題：

「俊偉，你覺得什麼事情最難？」

「嗯，堅持吧？」俊偉回道。

「對，堅持每天做一樣的事最難。」林桑說。

在旁聽完，我也是深有同感。

作為職業選手，無論你再怎麼喜歡這項運動，日復一日、周而復始的訓練和比賽難免會讓人覺得枯燥乏味，而在訓練當中，不是幾分耕耘就會有幾分收獲，這也是眾人皆知的道理，但要在認知「努力不一定會有收穫」的前提下還能持之以恆的耕耘，需要有一股毅力甚至是傻勁，才能在不斷面臨逆境打擊時仍能貫徹既有的堅持，靜待開花結果的那天。

二〇一八年季末，史耐德總教練因家中事務返國，一軍總教練改由伯納（Scott Budner）接掌，相較於史總，伯納總教練的用人風格有往技巧派投手修正的趨勢。後來對投手狀況掌握度高的佛斯特（John Foster）教練任職投手教練，加上我在春訓隊內賽丟出好內容，終於得以在二〇一九年初，睽違三年後再次從一軍起步新賽季。

從二軍沉潛，反求諸己、獲得重生，再到職棒生涯後期的高潮迭起，我體驗到人生有很多不可控因子，不是自己刻意強求就可以改變，因為職業運動由人所組成，不同的人各有思維，而人心是最不可控的因素，我們能做的就只有一直堅持做自己認為應做的事，無論處於順境、逆境，谷底或巔峰，不管外在狀況的好壞，堅持過後呈現的結果，就是當時上天最好的安排。

愛，那曾被我誤解的詞彙

許多文學、影視作品，都以「愛」作為敘事主軸；透過這些題材豐富的故事，好像也讓我們看見「愛」的多樣性，例如：

親情互動的愛、

友誼締結的愛、

民族情操的愛、

犧牲小我的愛、

激情烈火的愛、

長相廝守的愛……等等。

但是若問「愛」這個既是名詞又是動詞的詞彙在我心中的定義，曾經有很長一段時間，我將它視為「責任」的同義詞。

Chapter. 15

家庭

因為比起把我置放在爺爺家的「他」，我更能感受到媽媽「愛」我的方式。不過也因為如此，從小我就以為「愛」只是一種對自己所在乎的人負起責任、犧牲一切的行動。

直到我有了自己的孩子。

老婆懷胎十月健康生下我們的孩子——元寶。當我第一次抱著他時，我看著他小小的手、小小的嘴和緊閉的雙眼，緊緊依偎在我懷裡睡著。我聞聞他的頭，輕撫著他，心裡好是激動……

「原來『愛』是這種感覺，這麼簡單，為什麼『他』做不到？」

那一刻，我的思緒忽然又掉入自己坑坑巴巴的童年。

我明白一定還有人過著比我更辛苦的境遇，但這樣的自我安慰仍不足以填補我過去內心缺塊的那份「愛」——即便媽媽獨自賣力的填補著。

但在我自己成為父親的那一刻，心中一場大雨洗去了滿地的泥濘，也倒映出雨後清澈的天空。我懷裡這位流有我和太太血液的孩子，正如吹散烏雲的颯爽清風，輕輕吹拂過我的心田，像在訴說著：「一切，就從現在開始吧！」

我的孩子——元寶，解開我一直對「愛」的誤解，讓我從心領受那種妙不可喻的溫暖，也明白所有以愛之名的行動是為了捍衛何物。

愛的行動

「再忙，也要在元寶的成長過程留下他將來可以輕易想起的回憶。」

這是我現在除了棒球以外最最在乎的信念；甚至，這信念已高過棒球對我的重要性。可是，做為一位職業球員，要兌現這句諾言可一點也不容易。

一般來說，球季期間我們隊上一星期只放一天假（通常是禮拜一），有時候比較幸運的話，在北部的週日比賽結束之後，回到家孩子可能還沒就寢，感覺起來就好像我多出一天能陪伴他的時間；而北部以外的地區，通常到家時孩子和太太都早已睡到不省人事。好幾次東部或南部的比賽結束的比較晚，我返家打開大門時都已四點，這時我幾乎都會待在客廳打盹，直到天亮後再帶元寶去上學。

因為我在家的時間有限，每次回到家裡，我心裡彷彿都有一個計時器，不斷提醒我還剩下多少時間就得離開。因此，在我離家之前，我就會不由自主地強迫自己投入更多質與量的精神來完成陪玩、運動、下棋、打電動、講故事、按摩、陪睡等每件可以和元寶一起做的事；當然，也得花時間和心思陪老婆聊聊天、聽聽她這一週的生活點滴。

說起來，好像我把自己搞得很緊繃；不過，事實上也真是如此。

每當隊友問起我放假有什麼休閒放鬆的規劃時，我總是回答他們：「愛家的男人，回家之後是沒有休息時間的。」同是職業選手的他們，當然能夠明白我說的不是玩笑話。

其實每個已成家的隊友們，褪下職業運動的球衣之後，也幾乎都是立刻回到父親與丈夫的身分；盡可能在最短時間內轉換面容與心情，並把自己的生理時鐘調整到老婆和小孩的時區，接著以最快的速度飛奔回家，回到那個棒球以外的真實人生裡。

爸爸經

為了元寶能夠健康成長，我平時的研讀焦點，開始從棒球資料拓展到親子文章；過往為了實現棒球夢的企圖心和行動力，現在也完整轉移到如何當一位好爸爸上。

我涉略的文章不只是孩子適合吃什麼、玩什麼？有很大比例是跟心理學相關的，我會藉由書中分享的指引，學習觀察元寶的一舉一動，舉凡臉部表情、情緒變化，到說話的口氣，剖析每個細節裡可能的心理狀態。

我的太太經常笑我，我根本是「假」學習，「真」兒控。

每年的球季結束，是我可以好好陪伴兒子的美好時光。比起季中一周才一天的返家日，我更可以好好規劃希望帶領孩子發展的面向。

也許是在棒球路上的堅持讓我小有成果，所以我也希望他能承襲我積極的心態，加上屬於他自己的正能量，學會主動靠近挑戰。因此，我經常在特定時刻會問他「你等下想做什麼」、「明天要做什麼」、「希望我陪你做什麼」、「有沒有特別想要做或玩的事」，藉此培養他思考、表達和規劃的習慣。這過程中讓我更能貼近他的思維、了解他的喜好，也能在實際參與的過程中引導他正向成長。

可能是受到我的工作影響，他很喜歡從事各種體育活動。不過，比起下課後一起去運動，我們父子倆更常把握晨間時光。

選擇一大早去運動對我來說有許多意義。首先，職棒的休賽季都在冬季，冬天的日照時間甚短，經常在元寶下課沒多久就天黑了，這使得他常常玩得正開心時就得掃興回家；對我來說，我不希望一件他喜歡的事，總是以迫於無奈的方式草草結束。另一方面，大多數的孩子都有賴床的壞習慣，一早運動除了相對清新的空氣和柔和的日照有助於他的健康，更可讓我檢視他對於喜歡的事物「到底有多渴望」。

記得某年冬天，我和元寶躺在他的床上準備睡覺，然後我問他：「明天想玩什麼呢？只要你想要，我就陪你！」

「我想去打棒球！」他半撒嬌半許願地說。

「可是現在天氣很冷喔！你起得來嗎？」我故意問道。

「可以！但你要幫我設鬧鐘！」他肯定地回答。

於是，隔天一早，我們父子倆真的耐著嚴寒，奮力地從讓人不捨離開的被窩中爬起，當然還得挨著被太太念的「逆境」。兒子睡眼惺忪但依舊著裝，我們在天還未亮就出門去履行「男人之間的約定」。

這樣的內在驅動力和承諾實踐，是人成就夢想的基礎；對教育孩子來說，絕對是必要的。

放手去做，爸爸在這！

恐懼——一直是深藏在我們基因和文化裡的一道課題。

我們永遠需要去學習分析恐懼，接著，聰明地選擇「規避」、「挑戰」或「跨越」。

每當我看著元寶面露難色，想嘗試一些在他有限經驗中仍屬未知領域的新事物時，我通常不會自作主張地主導他的方向。我會告訴他：「這對你來說可能有點難度，但我希望你先自己想想，然後盡你所能去試看看可以做的如何；我就在這裡，當你需要我時，轉頭就可以看到我，我會一直在這裡陪你。」

在這樣方式的陪伴下，元寶已經能在他有限的表達及組織能力中，告訴我他想過利弊之後所做的決定。我很替他感到驕傲，沒有選擇坐在地上放聲大哭，錯過獨自面對難題的機會。

我曾在書中翻到一句哲言：「每個人都是天才，但如果你用爬樹的能力來評斷一條魚，那麼，魚一輩子都會認為自己是個蠢蛋。」

這深深提醒了我，別因為孩子表面上看起來只有三分鐘熱度，而抑制了他探索其他新鮮事物的可能。我們所處的世界不小，通往成功的道路也不只有一條，很多時候大人過度干預和限制，扼殺的可不只是孩子的興趣廣度，還可能錯殺本該在水裡展現天賦的大魚。

在我去到善化擔任陪練員之前，我一直卡在「萬般皆下品，唯有讀書高」的窠臼中，所以我能深刻體會「被強迫爬樹的魚」的那種痛苦。這麼說並不是貶抑讀書的價值，而是想突顯「給予嘗試機會」和「家人充分支持」的重要性。如果每個孩子都能在學習的路上，獲得足夠多接觸不同事物的契機、足夠多犯錯再重來的機會，會不會就能找到更多「如魚得水」的天才呢？

對於孩子，我一定會成為他最堅強的靠山，也會是他勇於挑戰自我時的最佳助手！

不陪我，我就長大了

我有很長一段時間在二軍沉潛，一邊治療無可避免的運動傷害、一邊抵抗球技受到的歲月風化。這段期間最讓我感到心累的不是在球場上經歷的風霜，而是推開我家大門——準備收假歸營時。

位在屏東縣鹽埔鄉的二軍訓練基地，雖然鄰近南二高，但離火車站和高鐵站都太遠。家住台北的我，因為南北的距離，光是北返和南下就得花費至少十小時左右，大大壓縮我與家人相處的時光。經常踏進家門不到二十四小時，就又要回球隊報到。

「不陪我，我就長大了。」是我最常在搭車的路途中，看著兒子的照片所想的一句話。

在有了元寶後，他成了我持續不斷努力的理由，對他的愛，讓我在每一次跌倒時都更有動力站起身。

元寶比較會表達後，經常童言童語地說：「爸爸，可不可以不要去上班？我想你一直陪我玩……」而我總是笑笑地回他：「我也非常想在家陪你啊！但爸爸的工作需要去比賽、訓練，想我的話，你可以看看電視！說不定可以看到我喔！」

可是在二軍那段日子，孩子再怎麼守在電視機前，都盼不到爸爸的身影……

有一次，元寶又在我準備離家時，一如往常地吵著要我不要離開。這一次，我蹲下來比較認真地跟他說：「爸爸出門不只是為了賺錢，『打棒球』是我喜歡做的事，我希望你能理解並且支持我。你也會有自己喜歡做的事情對吧？我希望你像我一樣，為你喜歡做的事情全力以赴！希望你聽得懂我說什麼……」

說完之後，看著元寶一愣一愣的表情，我才意識到，我根本是在對自己喊話，說給自己聽。

「我一定要拚回一軍！至少，這樣孩子才能在電視上看到他的老爸！」

學會等待

不知道從何時開始。我們父子倆每次見面的第一句話，就是元寶會著急地問我：「爸爸，你什麼時候走？」然後，每當我要離家時，他總是淚眼婆娑地說：「你下次什麼時候再回來？」有幾次，聽著聽著，我也跟著他掉下眼淚。

什麼時候回來？

有段時期成為我最害怕聽到的一句話。每當元寶這樣說的時候，我都會無比揪心，肩上的行囊就像頓時又加了幾斤重，拖住我本就沉重的步伐，讓我舉步維艱；甚至險些澆熄我對棒球的熱情，險些自提離隊。

倒是我太太相當「理性」（或者是無力再處理我離開後小孩的哭鬧），經常好氣又好笑地說：「你們父子倆每個禮拜都在上演十八相送的戲碼，到底是要演多久？」

為了教育孩子「等待」這門重要的人生課題，也想教他「等待」不是毫無意義的虛度光陰。我開始在每一次離家前，會向孩子報告當週的球隊行程，也藉此讓他明白「等待」我回家的這些日子，不是老爸棄他不顧的藉口。

我會告訴他星期幾爸爸會在哪裡比賽、交戰的對手會是誰；星期幾爸爸會在哪裡訓練、訓練的目的又是為了什麼。如此一來，讓他知道我有多麼將他放在心上，藉此聯繫彼此的關係；也讓我自己能更專注投入在球場上。

因為我的兒子正想著我，我可不能白白浪費他對我的「信任」和「等待」。

有鑑於此，「信任」和「等待」，就是我每個離家的日子維繫起自己與家庭間最重要的連結。

我的太太和孩子信任我會認真工作，而我也信任太太和孩子會打理好生活；而我們共同等待的，就是每次相聚的幸福時光。

老闆

作為職棒球員的太太

一個女人，要是嫁了人、生了孩子，彷彿自此她就不再擁有自己的名字——她的代稱將是結合夫姓的「某太太」和「某媽媽」。雖是遭到傳統風氣束縛，但也是女性將青春投身家庭經營，成為最溫柔支柱的具體呈現。

我的太太嫁給我之後，過了一段滿辛苦的日子。身為專業運動員的另一半，又身兼全職家庭主婦；沒有太多家務以外的事可以分散她的注意力，但卻有很多原本不屬於她世界的壓力——我表現好壞的輿論壓力，也會重壓在她身上。

她對我的愛，讓她不由自主地使自己的心情隨著我的表現高低擺盪；也因為對我的愛，經常以淚洗面地滑過手機網頁裡如刀

Chapter. 16

花店

般銳利的批判攻訐文字。她不是沒想過把自己的心情照顧好就好，但是基於保護家人的天性，她知道我無餘力回應來自四面八方而來的批評，所以選擇跟我一起承擔，讓我感受到自己不是一個人在面對。

我不在家的日子，是她獨力帶著孩子，每當孩子生病或狀況頻傳時，就是她最煎熬的時刻；一方面掛心孩子的發展與健康；一方面責備自己怎麼連「唯一重要的事」也做不好。

我承認，曾有段時間因為自己的無知，太看輕了她肩負的重擔，當時我很納悶為何每次回到家時她總是一副沒睡飽的樣子，我天真的認為「孩子哄睡以後，媽媽不就可以去休息或做別的事了嗎？」直到我讀到一篇短文，內容是敘述全職媽媽的日常與心理負擔——我才明白過去我真的錯的非常徹底。

文章透過一對夫妻與心理師的對話，來突顯普世爸爸對全職媽媽的誤會，內容摘要如下：

心理師：「先生，你說你是從事什麼工作？」
丈夫：「我的工作是銀行會計師。」
心理師：「那你的妻子呢？」
丈夫：「她『沒有工作』，就只是一個家庭主婦。」
心理師：「早上誰做早餐？」
丈夫：「我的妻子，因為她『沒有工作』。」
心理師：「你太太什麼時候醒來為你做早餐？」
丈夫：「早上五點左右，因為她『沒有工作』，所以都先打掃房間後才做早餐。」
心理師：「您的孩子如何去上學？」
丈夫：「我的妻子送他們去上學，因為她『沒有工作』。」
心理師：「送孩子上學後，她又做了些什麼？」
丈夫：「她大概去市場買菜，然後就回家洗衣。你知道的，因為她『沒有工作』。」
心理師：「到了晚上，從辦公室回家後，你會怎麼做？」

丈夫：「休息，因為我是下班後實在太累了。」

心理師：「這時候你的妻子在做什麼呢？」

丈夫：「她給全家人準備晚飯，照顧孩子用餐，飯後清洗餐具，打掃房間然後哄孩子們上床睡覺。」

心理師：「那——請問太太妳的『工作』究竟是什麼？」

妻子：「就是你們剛剛所說的所有事。」

心理師：「那——先生，身為一位銀行會計的您，不曉得您知不知道一位頂級的全職房務、廚師、保母、清潔工一天的工資大概多少？

丈夫：「……。」

心理師：「您的妻子不是『沒有工作』，她的職稱叫做『家庭主婦』，沒有酬勞卻二十四小時的替您打理好所有房務、廚師、保母、清潔工的專業服務。有時候還會被質疑『到底整天都在做什麼？』」

讀完文章那天晚上，我走到房間看著正在房裡折衣服的太太，突然有種像看到「神力女超人」的敬畏感。幾小時以前，我們還正為小孩的部分行為和學習過程有意見分歧，甚至為此起了爭執；幾小時後，孩子已經睡了，她的「工作」還沒有結束。

我獨自站在房外，靠著牆，重新整理著各自的壓力源，試著去明白當女人因為家庭被迫抽離自己的人際網絡，只剩伴侶和小孩。這時伴侶的理解與同在，就會是她最重要的支持。

如果沒有看見媽媽角色的壓力，並進一步協助、分擔，任何單方面的鼓勵與溝通的效果都是極其有限的。

家庭生活的課題，在那晚看了文章和太太的身影之後，我有了很深刻的體悟。我們來自不同的原生家庭，人生際遇也大不相同，除了教養風格需要取得共識以外，我們也應該對彼此保持如熱戀時期的好奇。

「透過換位思考與同理心，再次探究形成紛爭的根源，即使依舊不認同對方的觀點，但也應該尊重對方『為何會這樣想』與『為何有這樣感受』的權利，藉此降低爭鋒相對的緊張關係。」我將我的學習心得分享給我太太聽。

「喔。那你要做到喔。」她有點半故意的冷回答。

「喂！妳好歹也給勤奮好學的我一點正向回饋嘛！」我有點不甘心地說。

「好嘛！那你要不要吃宵夜？我去弄！」

謝謝我的太太，妳辛苦了！

為愛實現夢想

太太在生元寶之前是從事美甲相關工作的，手藝相當靈巧。生了元寶之後，她一直在家裡專心照顧他，直到孩子大一點開始上學後，才在偶然的機會下，接觸到花卉課程。

我太太對於色彩和創作這類藝術性質的事物，始終有著高度興趣與天分，所以她在花卉設計這個領域很快就上手，得到成就感之後，她表達出想往更高階花藝課程進修的意願，身為丈夫，加上不想讓家人也經歷那種追求夢想卻不被看好的經驗，當然是全力支持！

她開始投身花藝設計的世界後，家裡總是堆滿各式各樣的花材，元寶也都很識相地知道媽媽的小天地「玩不得」。太太經常邊做邊跟我分享她所選用的花材是什麼、如何搭配可以產生跳色層次感、如何設計可以襯托主花的美感，這讓我們多了棒球以外的共同話題（這回變成她是主角、

太太為我守護了好多年的家，這一次輪到我來為她完成她的夢想了。

我是配角），也間接增加我對「花花世界」的知識。

不知不覺中，家裡也愈來愈多美麗的花藝成品。

太太會將這些作品拍照上傳在自己的社群平台上，分享給親朋好友觀賞。漸漸地，一些賞識太太手藝的伯樂會跟她下訂單，藉由繽紛的花藝作品替他們傳遞情感與心意，太太也從中得到幸福感與成就感。

隨著接單創作成為常態，我鼓勵太太「不如開一間屬於自己的工作室，讓她有專屬空間能自在地做自己喜歡的事，也能邀一些朋友或同好一起在店裡發揮長才。」太太欣然接受提議後，我們便著手張羅開店事務，經過一番努力，工作室順利落成！

太太就此成為花藝師兼花店老闆娘，我也開始在IG和臉書分享一些我喜歡的作品和實作影片，經過媒體報導和球迷間的資訊傳遞，我也多了一個新的外號，成了大家口中的「花店老闆」。

我很喜歡「花店老闆」這個封號，因為這個封號不只專屬於我，更有我正在實現夢想的愛妻蘊含其中。

領域

想要達到目的，就要有明確目標和加倍努力；而這也只是邁向自我實現的首要基礎。

二〇二一年的上半球季，我經常收到各界為我平反的聲音，說我是「彈力球」的最大受害者。其實，我始終不願將無法抗拒或無法掌握的人事物，當作自己失敗的藉口。也許將近五年投球成績平均下來，對比生涯前五年的平均成績，會發現明顯差距；再對照聯盟所提供的逐年用球恢復係數，還會顯見「成績」與「係數」間的巧合。

不過，我面對近五年的「自己」，再看向那顆「彈力球」；我很想對它說聲：

Chapter. 17

零的

「謝謝！」

我從沒有在球的物理性質上質疑過公平性，因為所有球隊都是在相同的用球下比賽；更重要的是，近五年間中華職棒也有成績很好的投手，我能做到將自責分率控制在五以內，但能將自責分率壓在三的投手還是存在！所以該花時間思考的並不是「球的係數是多少」，而是「怎麼做才能跟那些投手一樣好？」

所以面對成績下滑，我從投球策略、開發新武器球種的方向去努力，在自己能掌控的範圍做出改變。

我原先較擅長的球路是滑球和指叉球，後來也陸續嘗試曲球和變速球，新練的球路壓制力不足或丟不進好球帶的狀況常有，但也只能年復一年的反覆鍛鍊與測試，練到實戰能派得上用場為止。無論球的彈性係數幾何，我作為投手的份內工作一直沒有改變，就是努力精進。

聽起來可能有點玄，但不同的變化球種投出後的「品質」是一種「天賜」，並不是苦練就一定可以擁有，職業選手的狀況每年都有些許改變，配合長期練習，隨時間、經驗和身體的條件俱足，有時候老天爺會讓你開竅，以往投不進去的曲球和伸卡，忽然之間就可以進到好球帶了，但有緣得到天賜的前提是，你必須「不確定會不會有收穫，仍能堅持努力下去。」

因為彈力球，逼迫我必須不斷精進自己才能不遭到淘汰，即使知道增添武器球種不是努力就一定有成果，但在大環境不可控的情況下，我能做的就是讓自己持續保有競爭力，等待身體條件俱足的時候讓成果自然呈現；因為彈力球，刺激了我在職棒生涯的第十一年、一個職業投手的發展後期，留下了屬於自己的新篇章——零的領域。

三月十四日，二〇二一年賽季的第三場例行賽，二局下半兩人出局，一、二壘有人的局面下我登板後援，先用三球化解掉那局的失分危機，後續以再熟悉不過的長中繼角色投完兩局，最終沒有責失分退場。從這場比賽起，我展開了為期四個月「零的領域」旅程。

隨著投球局數的累積及媒體的報導，我意識到自己是在一軍穩定出賽的所有投手當中，唯一自責分率還維持在零的投手，從三月十四日到七月十七日，我的出賽成績是：

十八場比賽登板。

三十一點二局無失分。

聽說是項值得留念的聯盟紀錄；

聽說感動了很多正在棒球路上逐夢的素人；

聽說讓很多網友在ＰＴＴ棒球版上開起道歉大會。

但真正讓我看著紀錄會心一笑的，是自己這沉浮多年的「堅持」。

因為彈力球，使我不斷檢視自己、苦思扭轉契機；逼我不斷研究打者、尋覓一絲絲繼續在戰場上續存的可能。「它」將我推至自我懷疑的懸崖；卻也讓我絕處逢生變得更強大。在這段身心俱疲的日子裡，沒有神仙施予同情的魔法，只有堅持和不放棄伴我熬過熾熱的屏東豔陽，再次回到台中洲際的盛夏棒球夜。

Brothers
THE ZONE
21.3.14 - 21.7.24

這段奇妙旅程的途中，有一個意外的焦點，那就是我的頭髮。

二〇二一年春訓前，我先剪過一次頭髮，到球季正式開始時已經留了一個月，結果三月底發現自己沒有責失分後，由於手風正順心想還是暫時維持目前的一切狀態，等到失分後再去理髮也不遲；到四月結束時還是無失分，頭髮已經長到讓我覺得有點「阿雜」了，但是紀錄仍在延續中……就這樣，紀錄與髮長持續延展到五月中旬，又碰上因應防疫全台進入三級警戒，中華職棒例行賽也被迫暫停；這一延又是兩個月的漫長等待，直到七月中旬職棒復賽，我的頭髮已經長達二十公分！但因為無失分紀錄還在持續，我也只能續留這頭洗完澡要吹七、八分鐘才能完全吹乾的「飄逸秀髮」，直到七月二十四日對戰桃猿因為挨了全壘打而失分，正式終結這個紀錄以後，相當重視選手儀表的林威助總教練，才終於在某天吃飯時站在我身旁問道：

「啊哩系當時袂去剪？」林桑盯著我的頭。

「啊就……確定拿到季冠軍以後就去。」我笑著回答。

就這樣，隨著漫天撒落的黃彩帶和剪去的三千煩惱絲，我同時將「三十一點二」這個數字擱置在二〇二一年七月二十四日；也在球迷的掌聲中告別「零的領域」。我知道，也許未來某天我會回頭望向這段歷程；但我不會沉醉在過去的紀錄裡，忘記我應當專注的當下，把握每一次還能上場獻技的機會。

所有的「你」

想什麼？怎麼想？

最後一章，我想寫給「你們」。

二〇二〇年可以說是我整段棒球生涯一處重要的轉折點，我對自己的未來發展，與對後進的關心來到了黃金交叉，我愈來愈在乎後起之秀究竟帶著什麼「想法」來打棒球。

會這樣起心動念，也許是自己真的已到了日暮途遠的階段了。

前一年，也就是二〇一九年賽季，雖然帳面自責分率乍看之下不算特別突出，但那年是我身體開始受大小傷勢困擾之後，出賽場次最多的一年，整季都維持著不錯的投球手感和手臂健康。

二〇一九年末休賽季期間，我還特意掌握週期安排，只為使好的

Chapter. 18

給

感覺能夠一直延續到二〇二〇年春訓。新球季開打前，我很慶幸自己的努力沒有白費，如我所願的見到自己的名字登列開季一軍名單中。

怎料！球季開幕後沒打幾場，我就在「一球未投」的情況下無預警地被下放二軍。

可能是年齡已越過「老將」分界，使得頭上貼著老將標籤的我每在二軍多待一分鐘就會增添幾分「年底吃自己」的憂慮。雖然過去幾年已有不少在二軍磨練的經驗，但至少那時是有很明顯的傷勢和成績問題；這回突如其來的升降安排，實在殺得我措手不及，也連帶影響了自己的步調和心情。

不過，也就是在二〇二〇這一年，二軍基地迎來了一位重量級客座教練——王建民——這讓我很快就收起失落的心情，換檔進入取經模式。我真的萬萬沒想到，這位曾經剝奪無數棒球迷寶貴睡眠時間、左右台股漲跌曲線，以及令人瘋搶超商及早餐店報紙的男人，竟然會成為我的「同事」。

我多稱他為「建民學長」或「王葛格」，年齡差距「最少」的我倆很快就成為無話不談的朋友，也經常互開玩笑。有別於春訓期間緊湊又累到不成人樣的訓練量，賽季期間的二軍訓練和比賽相對從容許多。因此我和「王葛格」有了更多時間交流訓練、比賽和生活上的話題。雖然那時我已經三十七歲了，還是希望在等到那通從一軍打來的徵召電話前，可以從「王葛格」身上多挖一些棒球寶藏。

在我蟄伏二軍，務實的思考「如果沒辦法當球員未來想做什麼」的問題時，「王葛格」跟我聊了很多，我們聊家庭、小孩，也聊未來不打球的規劃。至於棒球技術面，和林桑的態度相同，王葛格對我這樣的「老將」也比較放心，比如說他看到我牛棚練投時出現手低的狀況，他會知道我是為了測試特殊球路才將出手狀態刻意調成那樣，不需要像看新人一樣馬上出言提醒。

我們每次在聊棒球時，焦點始終不是擺在我自己身上，多半是放在討論隊上學弟的學習狀

跟「王葛格」的學習過程，不只使我對自己的球涯多了一些想法，也多了他這一位無話不談的好朋友。

況、遇到的瓶頸和如何協助引導；然後，我再從「王葛格」的觀點中，去思考他所看見的面向和建議方法如何轉用在我自己身上，我會在傳接球或牛棚練習時自己實驗「玩玩看」，有時他提過學弟可用的調整方式，我在自己身上實驗的結果不一定行得通，但卻能從這些實驗過程另行摸索出一些我可用的調校。

說起「討論學弟」，我相當有把握自己絕對不是那種一天到晚說三道四的「壞學長」！

自從二〇一七年常駐二軍開

始，我就經常關心隊上年輕人都在做什麼、想什麼，漸漸也擔任起「輔導長」的角色，由於我不是三級棒球名校出身，沒受過科班棒球「學長學弟制」的傳統薰陶，在我身上沒有那股濃厚的「賢拜氣息」。加上我自己也愛跟學弟玩鬧，在他們剛入隊時我都會主動拋出橄欖枝，長時間交流互動下，他們也願意多跟我聊一些心事，甚至熟了以後也會反過來開我玩笑。

基於這層關係，「王葛格」有時看到年輕選手心事重重時，也會請我去探看看對方有沒有碰到什麼問題，因為由我去問的話，年輕學弟比較不會因輩分落差而不敢啟齒。

我在自己一路跌跌撞撞的棒球之旅中，嘗盡失敗和挫折的苦頭，過去的經歷使我看到學弟陷入瓶頸時，憐惜之情就會油然而生。因為我太了解那種搜索枯腸、用盡洪荒之力卻仍然無法獲得顯著進步的心理煎熬；所以我很能理解他們時而暴躁、時而無助的反應。

雖然我心中的小惡魔曾經不懷好意地對我自己說：「關你啥事呢？一個人殞落，就少一位對手！」但我很快就夥同心中的小天使擊殺這股惡意。真心希望自己能提供有用的資訊，幫助學弟們成長、有效率地排除所遇到的困難。

職棒場上真的非常殘酷！每年都有源源不絕的新人透過選秀來球隊報到，但這也意味著過去一段時間拿不出成績的老將，又或是長期受傷、復健不見成效的傷兵，極有可能就成為球團下一波開除的對象。話說回來，十來歲的選手其實也沒有本錢仗著年輕優勢就任意妄為，因為當你開啟「職業生涯」那一刻，就代表自己已經失去「學生時期」特別被寬容的資格；「時間」不會真如一般人所說的「教會你成長」——「在乎」才會。

二〇一八年賽季起球隊二軍多了一位運動心理諮詢師，我和他對於傳承學弟們的職業觀和心理素養很有共識。我們都認為，優秀的職業運動員不是表面上做了什麼，而是他自己「怎麼想」；就好比捏黏土一樣，心中的「想像」主導成品走向，後來的技術、修正，頂多就是讓作品更加盡善盡美。因此，我經常跟學弟們說，要在職棒生存、想要賺更多錢，就得多「思考」；若上天賦予你絕技於一身，自己卻不懂謀略策應，上戰場只會像個莽夫蠻幹，那就真的愧對老天爺給你的天賦了。

身為職業選手，絕對不能只是「頭腦簡單、四肢發達」。

還撐得住嗎？

「還撐得住嗎？」這句話一般會出現在我關心努力復健力圖復出的傷兵時。

往事歷歷在目。

記得自己那段養傷的日子，每天看著隊友揮舞健康手臂，投出「嘶嘶」作響的高品質球路，紮紮實實地撞進彼此的手套中；精神抖擻的團隊戰術演練，在草皮與紅土間奔馳、喊聲、補位。

真的會讓內心的孤獨感加倍升級……

很多時候，受傷選手不得不抽離自己的靈魂，徒留空洞的身軀像個機器人般的反覆操作同樣枯燥乏味的復健菜單；因為實在太無聊、太苦悶了，太多感受參雜在其中只會徒增負面情緒。

我知道每張面露猙獰的表情，都是在「氣自己」、氣「進度怎麼不快點」、氣「怎麼還是那麼痛」、氣「老天知道自己快沒工作了嗎？」。當然，可以氣的點還有很多，說不盡、道不完……

「還撐得住嗎？」我問。

「學長，撐得住」學弟回。

「真的假的啦！撐不住就休息沒關係餒！」我說。

學弟猙獰的搖搖頭。

「復健很辛苦餒！偷懶一下啦！教練又沒看到！」我說。

學弟依然搖著頭，並掛著幾行從頭頂流下、滑過眼眶、再從下巴滴下的「汗」。

這大概是我身為學長的「特權」，可以較無顧忌地用調侃的方式陪伴他們走過艱辛的復健期。他們知道有段時期我也是這樣撐過來的，所以當我們湊在一起時，自然而然就會有不言可喻的革命情感告訴我們——一定要堅持下去。

有什麼困難嗎？

「有什麼困難嗎？」這是我經常用來招呼落寞退場失意人的開場白。

同樣回到自己的經驗中。沒有投手沒被轟爆過，退場時的難過情緒或自我懷疑其實是相當自然的。我很介意不明就裡的指責或指教，所以我也要求自己想表達關心之意時，先得讓對方說說自己觀察到的問題與遭遇。大概是過去「由黑翻紅」的轉運手資歷，當我用「有什麼困難嗎？」開場、試圖建立溝通橋樑時，通常都能聽到表面上看不到的故事。不過，有些比較「ㄍㄧㄥ」的學弟，常常問候當下都會先說「沒事」，但過不了幾天，就會自動提著宵夜來敲門並面掛「學長有空嗎？」的靦腆笑容。我都會先用大笑來化解學弟的尷尬，再稍微嘴一下「啊不是說沒事！」好讓我們更能親密無間的談談心。

聽著學弟們分享的喜怒哀樂與球場困境，勾起了我很多獨自奮鬥的往日回憶；也在跟他們經驗分享的過程中，次次整理我自己的思緒。有時候，學弟們在我心中，就像個會適時提醒我的小天使，我會因為想成為他們的榜樣，而更加留意場上、場下的細節，也更加注重保持最佳狀態的功夫。

「有這麼難嗎？」

「也是很優噠！」

這是我們彼此激勵的通關密語。當下回再次於球場碰頭時，我們就會不約而同地說「有這麼難嗎？」、「也是很優噠！」來回憶一起共同走過的心路歷程，藉此提振當日比賽的士氣。

謝謝球團延續了我的球員生涯，讓我還能以「學長」而不是「教練」的身分，繼續陪伴這群開心果。

守信人力

感謝自己從未放棄，也感謝東山再起獎的肯定，最重要的，是有你們一路的支持，讓我們繼續成為彼此的支柱。

成為彼此心中的支柱

最後——我想對你們說。

這本書要闡揚的重點並不是美夢成真，而是逐夢踏實的過程。在現實人生中，絕大多數的夢想都不是憑空實現的。曾經「挑戰職棒」，對一個喜愛棒球卻長於經濟匱乏的單親家庭孩子來說，真的是遙不可及的白日夢；但如果他不勇敢起步，夢想就永遠只是個夢。只有腳踏實地，親身走過披荊斬棘的旅程，忍住嘲諷、揶揄，度過無數眼淚往肚裡吞的夜晚仍能勇往向前，才能把夢想化作可實現的目標。

起步比人晚問題不大，不試著邁開腳步才真的是大問題。人生路一定有失敗和茫然，每每認定絕望時往往又柳暗花明，不經意處會有貴人相助，而在機會來臨時，做好準備的人才能抓住良機，逆轉命運。

這是一本「官」於我的書，字字句句是用無盡的「感謝」為墨水寫成。謝謝逐夢旅途上一路相伴的家人和旅伴，以及時時刻刻都沒有放棄的自己。我們在無限的機遇中相逢，也在無限的互動方式裡以最棒的姿態相聚，每本夢想書最常提到的「無限可能」就從你我的善良相待中鋪成。

我一直都是最棒的，因為我有你們。

讓我們繼續成為彼此心中的支柱。

——官大元

二〇二二年一月一日

入魂 12

逆轉的王牌：官大元

作者　官大元、洪紫峯
文字整理　卓子傑
副總編輯　簡伯儒
總編輯　簡欣彥
行銷　許凱棣、曾羽彤、游佳霓、黃怡婷
照片提供　中華職業棒球大聯盟、職業運動攝影師 戴嗣松、運動攝影師　陳筠
封面設計　萬勝安
版型設計與排版　廖勁智

出版　堡壘文化有限公司
發行　遠足文化事業股份有限公司（讀書共和國出版集團）
地址　231 新北市新店區民權路 108-2 號 9 樓
電話　02-22181417
傳真　02-22188057
Email　service@bookrep.com.tw
郵撥帳號　19504465
客服專線　0800-221-029
網址　http://www.bookrep.com.tw
法律顧問　華洋法律事務所 蘇文生律師
印製　韋懋實業有限公司
初版一刷　2022 年 1 月
初版 4 刷　2023 年 7 月
定價　新臺幣 420 元

國家圖書館出版品預行編目 (CIP) 資料

逆轉的王牌：官大元 / 官大元 , 洪紫峯著；卓子傑文字整理 .
-- 初版 . -- 新北市：遠足文化事業股份有限公司堡壘文化 , 2022.01
面；　公分 . --（入魂；12）
ISBN 978-626-7092-06-4（平裝）

1.CST：官大元 2.CST：臺灣傳記 3.CST：運動員 4.CST：職業棒球

783.3886　　110021962